雙廈記

錦記茶行與周益記古宅的那些年、那些人、那些事

周宗武・王惠光——著

A Tale of Two Mansions

謹以此書獻給家母陳寶釵及家四舅陳清汾。——周宗武

推薦序

屬於臺灣的新《雙城記》

中央研究院臺灣史研究所研究員
張隆志

對今日熙熙攘攘的觀光客而言，臺北大稻埕與新竹北門街似乎只是兩條不相干的旅遊景點，然而如果從歷史記憶的時間長河著眼，臺北錦記茶行洋樓與新竹周益記古宅，真的是兩棟彼此孤立的文化古蹟嗎？乍看之下，《雙廈記》似乎只是另一本臺灣家族的圖文回憶。但細讀之後，讀者們將可以發現：穿梭交織在全書生動的文字與豐富的圖片間的生命故事，並不只是兩棟歷史建築或兩個知名家族的掌故八卦，而是發生在兩個北臺城市、跨越日治與戰後兩個時代變遷，並反映了茶與米兩大重要產業興衰的臺灣史事。

回顧臺灣家族史的研究書寫，自一九七〇年代美國學者Johanna Meskill

的霧峰林家名著以來，一九八〇年代臺灣歷史學者如黃富三、尹章義、許雪姬及溫振華等名家輩出，各擅勝場。一九九〇年代更結合區域史及方志編纂的熱潮，擴展為各地方文化局與文史工作者對於重要家族史的個案發掘與出版。《雙廈記》一書的首要特色，便是超越過去以單一家族與個別人物為主的書寫傳統，從區域網絡及社會生活的動態視角，呈現性別史、貿易史、產業史、美術史及體育史，乃至跨國人流史的多重脈絡，為臺灣家族史提供了更具生命力與歷史感的動人敘事。

《雙廈記》的另一重要特色，是結合家族後裔口述與文史研究考察的共筆作品。本書由周益記家族後裔周宗武先生，以及民俗考察與旅遊作者王惠光律師共同合作執筆。以近代臺灣茶葉大亨陳天來的千金陳寶釵的個人生命史為主軸，穿插陳周兩家族跨越日治與戰後時期的發展軌跡與人物史實。一方面娓娓道來只有家族內部成員才知曉的趣聞軼事，另一方面則生動勾勒產業興衰與家族變遷的時代脈絡。此一結合了微觀與宏觀的敘事架構，不但避免了偉人傳式的傳統格套，更有助於讀者理解各家族成員在歷史洪流中的多重面貌。

《雙廈記》內容共分為「緣起情深」、「金色歲月」及「傳奇不滅」三個專輯，共二十五章。兩位作者在以臺北與新竹的兩棟洋樓古蹟作為故事的起點，首先連結了大稻埕茶葉巨擘的美麗茶行千金陳寶釵，與北門街大地主的英挺留日菁英周敏益，並說明陳寶釵作為臺灣近代新女性的雙重特質：不再纏足並能接受現代教育。除了介紹她臺北第三高女（今日中山女中）的同班同學：臺展女畫家陳進，讀者更可以透過來自巴黎的歐式洋裝帽子結婚賀禮照片，認識新娘的四弟：首位留法臺灣畫家陳清汾，以及兩人長達數十年的深厚手足情誼。

「緣起情深」篇接著回顧錦記茶行陳天來的創業傳奇，以及兒子們在東南亞的國際貿易事業。作者以單元故事的方式，陸續介紹陳家在印尼的著名「珊瑚牌火柴」、永樂戲院與「臺灣三秋」（李臨秋、顧正秋及小艷秋）、第一劇場與大稻埕及圓環地區電影業的興起。這些故事中有被遺忘的空間歷史場景、不為人知的家族愛情爭奪戰。而陳寶釵「三塊鹹白帶魚頭」家訓，則凸顯了臺灣家族發展的甘苦歷程。

「金色歲月」篇以本書另一個重要人物陳清汾為主角，介紹他的恩師有島生馬、代表畫作〈巴黎的屋頂〉、以及多采多姿的跨國足跡與感情生活。並以二戰期間他在上海法租界與北京的浪漫生活為例，對照周敏益學佛習武的淡泊嚴謹。讀者也可以看到一九三五年新竹謝介石家與新竹鄭家聯姻的婚禮盛況、戰爭後期周家子女與日籍小學教師的真摯情感、陳清汾日籍貴族妻子在戰後的曲折際遇、以及陳寶釵面對戰後變局及國府土地改革的堅毅持家。

「傳奇不滅」篇將敘事焦點轉移到家族成員與世代變遷，並呈現出臺灣人在中日關係與時代變局中的複雜命運。作者介紹首位臺籍上將陳守山、明仁天皇的同窗好友陳守實、一九四九年輾轉來臺的中國茶王唐季珊、以及世界桌球冠軍周麟徵等名人事蹟。並細述家族傳奇女性黃阿有、陳寶釵女兒周家三姊妹的戀愛婚姻觀、陳清汾女兒陳淑玲夫妻的國際投資成就。最後以〈從茶金到米金〉總結主人翁陳寶釵由錦記茶行千金到周益記女主人的圓滿人生。

如同作者周宗武在本書後記所言，《雙廈記》是他從小在母親、四舅與兄姊們談話間所聽到的陳家與周家的故事，也是自小喜愛音樂的他在外商退休與移民北美後的人生目標。近年來由中華啟文堂劉氏宗親會發起，邀集臺灣各主要家族後裔與研究者們，積極舉辦學術研討會及交流活動，為重建臺灣家族史開啟了另一個嶄新契機。就此意義而言，《雙廈記》的出版不只是個人或家族的回憶集錦，更是「人人都是史家」精神的重要體現，一本屬於當代臺灣的新《雙城記》！

推薦序

兩大家族的精采歲月

財團法人福祿文化基金會董事長
張純明

《雙廈記》作者周宗武先生、王惠光律師以及我，都是325資深經理人聯誼會（325 plus senior executive club）的會員。周宗武先生是325聯誼會的發起人也是創會會長，一九九五年初創會時，共有十二位創會會員，除了周宗武先生和我，還有鄭健治（ICI）、吳勝進、王振容（宏碁）、陳哲宏（臺林電子）、劉啓清、賴文禮、李正斌，另有已故的李錦揚（BASF）、張鴻儀（Sandoz）、莊徵乾（UCC）。所有成員皆是各行各業資深管理者背景，大家因認同宗武提出的退休生活理念「TO BE、TO GIVE、TO ENJOY」，欣然加入發起，成立了325聯誼會。

當年我與宗武同在化工業界，迄今我們相識已近四十年的時間。宗武個性活潑、幽默、撲克牌打得好、喜愛藝術文化、音樂造詣尤其深厚，除了喜愛唱歌，甚至會作詞作曲。退休後仍追求與實踐年輕時的夢想，二〇一七年出了一張《人生旅途》音樂專輯，登上了誠品暢銷榜。他洋派的作風，於當年保守的臺灣環境顯得格外特出。閱讀《雙廈記》更瞭解到宗武成長背景的養成，為他日後的發展和特質奠定深厚基礎。他的領導才能和影響力也發揮在後來325聯誼會的活動，成立二十八年來，宗武一直是325聯誼會凝聚的主要力量。

宗武和惠光兩人合作完成《雙廈記》，寫下了宗武的父親和母親，兩個知名世家的家庭故事，分別代表臺灣早期兩個頗具規模的家族和家族事業的變遷。除了讓讀者得以略窺當時世家的家庭生活和事業規模，兩大家族的興衰歷程與後代子女的發展，都與臺灣的歷史背景和政治經濟發展密不可分。

宗武對自己的家世背景一直很低調。二〇二〇年我接受國家藝術文化基金會林曼麗董事長的邀請，贊助名為「風華再現——重現臺灣現代美術史」的研究計畫，隨後這個研究專案以「不朽的青春——臺灣美術再發現」這個展覽呈現，此展收集早期臺灣具代表性藝術家的畫作，在北師美術館展出。由於這個畫展我才得知，政商能力兼備的知名藝術家陳清汾先生是宗武的四舅。宗武願意把伴著他成長的兩大家族精采歲月，以及不凡的人、事、物寫下來與大家分享，甚為難能可貴。

目次

CONTENTS

前　言◆故事，從這裡說起……　16

輯一　緣起情深

第一章◆幸運相隨的茶行千金　22
第二章◆從巴黎寄來的結婚賀禮　30
第三章◆三塊鹹白帶魚頭的家訓　36
第四章◆錦記茶行的興起　40
第五章◆賣火柴的茶行　46
第六章◆永樂戲院和臺灣三秋　54
第七章◆第一劇場的愛情劇　62

輯二 金色歲月

第八章◆有島生馬的禮物 68
第九章◆巴黎的屋頂 76
第十章◆風花雪月與學佛習武 84
第十一章◆最後一場盛宴 102
第十二章◆以機智躲過捐獻珠寶的劫難 108
第十三章◆飛過周家上空的神風特攻隊戰機 114
第十四章◆風雨中的女強人 122
第十五章◆在紐約中央公園打太極拳的老婦人 130

輯三 傳奇不滅

第十六章・第一位臺籍上將 140
第十七章・天皇的同學 146
第十八章・中國茶王與錦記茶行的相遇 152
第十九章・娘家的回饋 158
第二十章・自由戀愛的衝擊 166
第二十一章・乒乓球的世界 174
第二十二章・清水二孀的一代傳奇 184
第二十三章・英雄出少年 192
第二十四章・錦記陳家的庇蔭 196
第二十五章・從茶金到米金 204
後　記・乘著歌聲翅膀而上的人生 212

前言
故事，從這裡說起……

臺北市貴德街上靠近大稻埕碼頭附近，靜靜坐落著錦記茶行洋樓，據說那是臺灣百年前第一間設置有抽水馬桶的民宅建築，仿巴洛克式的外型至今仍吸引著往來遊客的目光。現在被臺北市政府以陳天來故居的名義列為直轄市市定古蹟。

新竹市北門大街被稱為「生老病死一條街」，是北臺灣開發最早、最繁華的一條街，據說常民生活上的各種所需，都能從這條街上獲得滿足。而周益記古宅就位於這條大街上，巴洛克式風格，立面以洗石子和泥塑圖樣裝飾，儼然是北門大街上最醒目的「第一豪宅」。

錦記茶行洋樓與周益記古宅，一幢在臺北，一幢在新竹，很少人知道，它們之間竟牽繫著一九〇〇年代的歷史與無數有滋有味的人情故事。

那時陳天來創建錦記茶行，富甲一方，除了在發跡後所興建的這棟華麗建築之外，很少人知道陳天來的女兒陳寶釵更是大稻埕的大美女。看到陳寶釵照片的人，很少人不被她的美貌所吸引。而因為陳天來夫人為寶貝女兒所設下的婚配條件，使得陳寶釵最後遠嫁新竹。陳寶釵結婚後和夫婿周敏益所居住的即是周益記洋樓，目前也被新竹市政府列為市定古蹟。陳寶釵出嫁前居住的娘家宅第以及出嫁後居住的夫家宅第都被列為古蹟，而且現在仍由陳、周兩家後代所擁有，在臺灣可以說很少人有此際遇。

十八歲左右的陳寶釵。

陳寶釵還有一位才華洋溢的弟弟陳清汾，是臺灣第一位留學法國的畫家，也是臺陽美展的創辦人之一。他外貌英俊、風流倜儻，從年輕留學日本時居住在日本畫界泰斗有島生馬的家中開始，就有無數的風流奇遇。後來還以一個臺灣人的身分娶日本貴族女子為妻，有著精采的一生。

陳天來的孫侄兒陳守山大家較為熟悉，他是第一位臺籍上將，但陳天來的直系孫兒陳守實和日本明仁天皇是小學同班同學，而且感情特別要好，就鮮少有人知道。陳寶釵的二兒子周麟徵不只是臺灣早年的桌球冠軍及國手，還是哈林籃球隊的隨隊表演者，也曾數度贏得世界職業桌球表演賽的冠軍，到世界各地表演時都堅持在桌球檯兩側懸掛國旗。

錦記陳家的極盛時期是在日治時代，戰後國際茶葉貿易的生態產生了極大變化，錦記所賴以起家的茶葉生意風光不再。而陳寶釵的夫家周益記本來是新竹的大地主、大糧戶和米商，也因二戰後國民政府的土地改革政策而致營收頓減。陳寶釵這一生的經歷，也是上世紀臺灣富有家庭在社會經濟環境迅速變遷下的部分寫照。

本書從陳寶釵的出嫁作為開端，導引出由她的婚姻所串聯的陳家及周家所發生的故事。這些大多是外人未曾聽聞的趣事，看似平凡，卻也是一般人所難以想像的經歷。茶餘飯後，也許可以為讀者帶來一些樂趣以及啟發。

錦記茶行陳天來故居。

新竹周益記洋房正面（周友達提供）。

輯一

緣起情深

第一章
幸運相隨的茶行千金

「我這一生，真的非常幸運。」陳寶釵曾經這麼說道。

確實，從她出生後不用纏足這一件事就代表著幸運的開端。她出身於臺北「錦記茶行」，父親陳天來（一八七二～一九三九）為當時成功的茶葉大亨。按照臺灣在清朝統治時期的風氣，以陳家的富裕程度，女孩子們一定要纏足，比陳寶釵大十二歲的大姊陳寶珠就綁了小腳，也終生為此所苦。中日甲午戰爭後簽訂馬關條約將臺灣割讓給日本，一八九五年日本開始統治臺灣之後，把纏足、吸鴉片、留辮子視為三大陋習。大稻埕的漢醫黃玉階在一九〇〇年成立臺北天然足會，開始推廣女人不要纏足。在大稻埕經營茶業的陳天來很快地也受到這種新風氣影響，出生於一九〇七年的陳寶釵，很幸運地避開了早期富家女子必須纏足的痛苦。

能夠接受良好的高等教育則是陳寶釵成長過程中的另一個幸運。日本開始統治臺灣後提倡教育，廣設公立國民小學，後來也設立女子高中部，鼓勵臺灣女生接受更高的教育。天資聰穎又好學不倦的陳寶釵就讀臺北第三高女（現臺北市中山女中的前身），成績優異，畢業時還得到校長獎。

一九二五年陳寶釵從第三高女畢業，全家在前一年搬入父親陳天來

陳寶釵中學時代的相片，身上穿的是當時第三高女的制服。

陳寶釵另一張中學時代的照片。

在貴德街（舊建昌街）剛剛興建落成的錦記茶行這座洋式豪宅。每年中秋節，日本總督都會在總督府邀請臺灣本地仕紳共度中秋佳節，由於陳天來夫人林金英纏足又不諳日語，正值荳蔻年華的陳寶釵就代替母親陪父親參加總督府中秋園遊會。當時陳天來的事業如日中天，陪同出席的女兒氣質高雅又接受過高等教育，自然在園遊會中吸引了眾多的目光。口耳相傳，大家都知道陳家有女初長成，出了個大美女，託媒人來陳家提親的人可說

是絡繹不絕。

但要娶陳天來的女兒怎麼可能會是簡單的事，林金英幫女兒陳寶釵開出了三個看起來好像稀鬆平常，其實卻不容易達到的出嫁條件：一，學歷要比女兒高；二，要有善良人的長相；三，不能是需要女兒洗衣做飯的家庭。要有善良人的長相比較容易，來做媒時媒人一定會先拿出男方在照相館拍的沙龍照提供給陳母品頭論足做初步篩選，相貌不夠端正的男士在第一關就被淘汰。

至於不需要洗衣做飯這個條件，陳寶釵是陳天來夫婦最寶貝的女兒，從小就被捧在手掌心呵護，陳寶釵根本沒有做過家事，要求嫁過去不必做家事在富貴人家中其實也是當然的道理。而臺灣經過上百年的移民拓墾以及在十九世紀末期成為東亞國際貿易的重心之一後，也已經產生了一些大地主及營商致富的富有人家。這些富有人家中都有眾多僕役，洗衣、煮飯之事都是傭人在做，自然輪不到主人家操勞，所以這一點也不是大問題。

剩下來比較麻煩的是學歷問題，由於當時臺灣除了一九二二年剛成立不久的臺北醫專之外，還沒有大學（臺灣大學的前身臺北帝國大學在一九二八年才成立），臺籍的醫專畢業生也還沒有幾個。如果要找比陳寶釵更高學歷的，大概就只能從留學日本的男士中去挑選，所以選擇的範圍又狹窄了許多。

而更麻煩的是，除了三個向媒人公開宣示的條件之外，其實陳母林金英心中還暗藏一個不對外明說的條件，那就是不希望女兒嫁到公公有三妻四妾的人家。陳母心裡的想法是嫁過去的婆家如果公公有妻有妾的話，等於女兒要去服侍好幾位婆婆，那就太辛苦了。而在一九二〇年代，臺灣富有人家很少沒有二房、三房的，陳母心裡暗中設下了這個條件，簡直讓媒人傷透腦筋，幾年過去，都無法找到乘龍快婿。

倒是陳寶釵自己也不急，樂得做個快樂黃金單身女郎。但自從第三高女的同班同學葉罔市、陳進[1]紛紛去日本讀書，或學音樂，或學畫畫，好學的陳寶釵就常常吵著也要去日本讀書。不過極度疼愛女兒的陳天來對於女兒想到日本深造之事非常反對，就怕學歷越來越高，更加嫁不出去。

為了讓女兒打消去日本讀書的念頭，最好的方法就是讓她忙碌一點，陳天來夫妻的想法是只要一直有事情做，女兒就不會成天想著要去日本留學。所以母親林金英特別請了刺繡及日式插花老師來家裡教學，父親陳天來也買了風琴給喜愛音樂的女兒，並且在錦記茶行這棟豪宅的三樓特闢一間風琴室給女兒練習專用。這個房間位在東南側，現在路過臺北市西寧北路的人們如果眺望圍牆內的錦記茶行，很容易就可以看到花園上方的這個房間。一百年前，倘若你經過錦記茶行後方花園牆外，可能就可以聽到陳寶釵正彈奏著她心愛的風琴，悅耳的樂曲漫溢在整個後花園。

幸運還是一直伴隨著陳寶釵，黃金單身女郎的生活在充實忙碌的學習中轉眼流逝。當時的適婚年齡比現在低很多，女孩子幾乎在二十歲之前就已經結婚，在一九二八年夏天陳寶釵過二十一歲生日時，一起來慶生的中學好同學當中，只剩下陳進和她尚待字閨中，陳寶釵心中還是難免著急。好在不久之後，好事終於降臨，媒人婆介紹了一位新竹大地主人家周益記家出身的三子周敏益來家裡相親。

1. 陳進（一九〇七～一九九八），是日治時期臺灣第一位女性畫家。和陳寶釵是第三高女同學，兩人一生交好，直到晚年都還時相往來。兩人同年出生，陳進晚陳寶釵一年過世。

時年二十二歲的周敏益當時還在東京明治大學讀書，家人趁他暑假返臺休假時為他安排相親。周家祖先來自福建省泉州府安溪縣，在一八四六年舉家變賣中國大陸家產來臺灣新竹定居，在城隍廟附近經營南北貨，經過三代努力經營及水田購買和開發，到周敏益這一代時已經是富甲一方的大地主。他並買下了新竹最熱鬧的北門街上的洋房，改名為「周益記」。周敏益父母當時已過世，長兄早年夭折，次兄獨立分家後搬出，整個周益記大宅裡只剩下姨祖嬤（祖父的二房妻）及一位已逝長兄的未過門童養媳。

陳寶釵後來對兒女回憶起相親時見面的情景，提到周敏益穿著西裝英俊筆挺，有一副高挺的鼻梁，確實是一表人才，如果硬要挑剔的話就是臉上還有些青春痘。而當時周敏益還在東京明治大學讀書，之後必須回日本去完成學業，所以婚後可能會有短暫的小寂寞。但是除了這兩個算不上缺點的小因素之外，周敏益完全符合陳母林金英公開宣示以及暗藏心中的條件，算起來是千中挑萬中選的難得對象。縱貫線鐵路已經在一九〇八年通車，所以即使新竹有一點遠，坐火車從臺北到新竹不到二個小時的車程，還算可以接受，所以陳天來夫妻就決定將女兒遠嫁新竹周益記家。

陳清汾去日本留學前的留影。後立者為陳清汾，左立者為陳天來長孫陳守謙，右立者為陳天來三女陳寶霞，坐者為陳寶釵，前面小男孩為陳守珪。

周敏益年輕時著西裝照。

第二章

從巴黎寄來的結婚賀禮

陳寶釵的嫁妝曾經登上《臺灣日日新報》的版面，內容之豐富傳頌一時。

由於大哥陳清素、二哥陳清秀都曾被父親派遣至東南亞，長駐印尼、新加坡等地，而印尼盛產鑽石，又是荷蘭殖民地，有豐富的歐洲精品。陳寶釵嫁妝中的鑽石珠寶，甚至包括銅床等都是歐式舶來品，父親陳天來還特別送了一座風琴給喜愛音樂的女兒。而最特別的，是四弟陳清汾（一九一〇～一九八七）從巴黎寄來的結婚賀禮。

眾所周知，陳清汾是第一個留學法國巴黎的臺灣畫家。畫家謝里法的小說《紫色大稻埕》當中，陳清汾就是貫穿小說的四個主角之一。二〇一六年，《紫色大稻埕》改編成同名電視劇正式上映，曾經轟動一時。戲中的主角江逸安是個熱愛繪畫的茶行少爺，就是取材自陳清汾。但是，小說改編成電視劇總是有很多虛構情節，例如江逸安的父親有三個老婆（實際上陳天來從未娶妾，是當時富貴人家中的異數），江逸安和大稻埕望族結婚，江逸安父親逼他接家業不要學畫等等情節，與真實生活中的陳清汾大相逕庭。

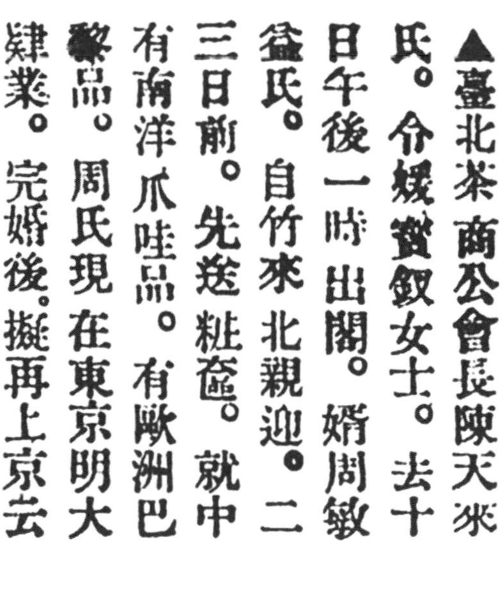
▲臺北茶商公會長陳天來氏。令媛寶釵女士。去十日午後一時出閣。婿周敏益氏。自竹來北親迎。二三日前。先送粧奩。就中有南洋爪哇品。有歐洲巴黎品。周氏現在東京明大肄業。完婚後。擬再上京云

一九二八年十月十二日《臺灣日日新報》的報導。陳寶釵的嫁妝有南洋爪哇及歐洲巴黎來的物品。

陳寶釵和小她三歲的四弟陳清汾從小感情就特別好，一直到陳清汾過世前，兩個人都還經常往來。一九二六年陳清汾前往日本追隨日本名畫家有島生馬學習繪畫，在一九二八年又跟隨有島生馬前往巴黎學畫畫，直到一九三一年才返回臺灣。陳清汾離開臺灣留學期間，和弟弟通信互報兩地情況，是陳寶釵婚前最熱中的事情之一。

陳清汾在回到臺灣之後，就將他在巴黎的見聞寫成一系列「巴黎管見」的文章發表在報紙上，系列第一篇文章的開頭就提到他到達巴黎後，第一封家書就是寫給陳寶釵。文末還敘述了對陳寶釵的思念之情，也對於陳寶釵結婚後沒有辦法像婚前那樣頻繁地和他通信有些抱怨。尤其在一九三一年秋天陳清汾回到臺灣之後，因為當時社會環境及習俗的約束，陳清汾無法立即和遠嫁新竹的陳寶釵見面，他對此也感到不滿。

的確，在陳清汾到達巴黎的一九二八年那年秋天，陳寶釵就嫁到新竹，陳清汾為了祝賀二姊的婚禮，特別從巴黎寄來了白色歐式洋裝以及時髦的帽子作為賀禮，陳寶釵也很高興地穿上洋裝戴上帽子和夫婿留下合影。

33

從巴黎寄來的結婚賀禮

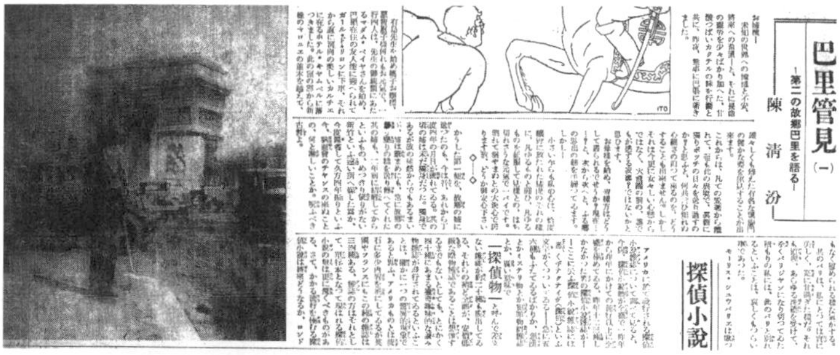

巴里管見（一）

—第二の故郷巴里を語る—

陳清汾

探偵小説

陳清汾在《臺灣日日新報》上發表的〈巴黎管見〉。左上角是陳清汾在巴黎凱旋門前的留影。

位於大稻埕的波麗路餐廳，以前是相親的聖地。餐廳裡面最有名的「鴨子飯」，據名畫家謝里法的說法，是陳清汾從巴黎學回來教給波麗路餐廳大廚的。

周敏益和陳寶釵結婚時的照片。身上的洋裝是陳清汾特別從巴黎寄回來的結婚賀禮。當時露膝的洋裝是極為前衛新潮的服飾，陳寶釵穿著她最親近的弟弟特別為她準備的洋裝，留下這一張沙龍照。

在婚後第二年，陳寶釵前往東京探望還在明治大學讀最後一年課程的夫婿周敏益。這是陳寶釵第一次遊歷日本，不只參觀了明治大學，也觀賞上野公園的櫻花祭。因為這一趟快樂的旅行，陳寶釵又興起到日本留學的念頭，也熱切地和丈夫討論一起在日本讀書及生活的事情。但事與願違，就在此時，陳寶釵懷孕了，而連續三年，生下長子、長女及次女，養育兒女讓生活忙得不可開交，什麼留學之事，早就拋到九霄雲外了。

小時候的陳寶釵和陳清汾合照。兩人差三歲，從小時候開始，一直到過世，兩人之間的感情特別好。

第三章 三塊鹹白帶魚頭的家訓

陳寶釵經常以三塊鹹白帶魚頭的故事來勉勵兒女，這個故事源自於她的祖父陳澤粟。

錦記茶行陳家來臺的第一代陳澤粟（一八四三～一九二〇）是福建泉州府南安縣溪美鎮蓮潭村人。父親除了務農之外也是砍柴的樵夫，陳澤粟十歲時即隨同父親入山幫忙砍柴，砍到的木柴就送到山下的楊記火炭行供其製作木炭。到了十五歲那年父親不幸染病身亡，經楊記火炭行老闆介紹，母子倆到廈門一個與洋行做生意的富有家庭中擔任幫傭。

清英鴉片戰爭清國戰敗，在一八四二年訂立南京條約，清朝被迫開放五口通商，廈門是開放通商的五個港口之一。外國商人紛紛進駐廈門設立採購洋行，而更早即已經到來的基督教及天主教會宣教人員也隨著西方勢力的增強大量進入到廈門。陳氏母子幫傭的家庭是替洋行採購綠茶、瓷器等中國特產之商家，陳澤粟年輕、乖巧、勤快，很受主人喜愛。而因為有西洋婦人常來家中教做西洋料理和下午茶點，陳澤粟也因而學得做西洋料理的技術，後來便有機會被引介到廈門的怡記洋行當廚師。

從西元一八五一年開始的太平天國之亂，影響了江南一帶的安寧和民生。但在此同時，臺灣的國際貿易則逐漸興盛。一八五八年清廷和英、法訂立了天津條約，增開了十二個通商口岸，其中有四個在臺灣，分別是打狗、安平、滬尾、雞籠。以中國大陸本土漫長數千公里的海岸線才新開八個口岸，而臺灣一個海島短短數百公里的海岸就新開四個通商口岸，可見臺灣豐富的物產及優越的地理位置所帶來的國際貿易地位，已經被當時的西方列強極度重視。

除了原有的米、糖、樟腦是臺灣出口大宗之外，英國商人約翰・陶德（John Dodd）於一八六〇年代初期從福建將烏龍茶引進臺灣後，臺灣茶葉外銷也開始蓬勃發展。一八六四年太平軍打入廈門，廈門的洋商業務遭受嚴重打擊，原任職於怡記洋行的李春生經轉介給陶德，李春生在一八六五年來臺灣時，就僱用了陳澤粟做為西式料理廚師隨同來臺。

李春生經營茶業貿易成為當時大稻埕最富有的茶葉商人，家中甚多傭人，陳澤粟因為靈活乖巧而深受李春生信賴，但也因此招致同儕忌妒。擔任廚師的陳澤粟有時候會將料理鹹白帶魚時切下來準備要丟棄的魚頭包起來拿回家醃製食用，卻因此被人告密竊取食物。有一天下班時，陳澤粟被李春生攔下抽查，從包包中發現只是三塊平常不會上桌的白帶魚頭，陳澤粟說明因為使用白帶魚作料理時只會吃魚身而不會吃魚頭，但他覺得魚頭丟掉還是可惜，所以要拿回家醃製作為配飯用。李春生聽完說明後並未責罵他，反而讚賞陳澤粟這種節儉不浪費的行為。但是這一事件還是給了陳澤粟很大的啟發，激發了他不再寄人籬下，而要自己創業的念頭。

陳澤粟在世時就交代子孫，每年祭祖時祭品中一定要特別準備三塊鹹白帶魚頭，要後代子孫切記「勤儉持家，創業自立」。

照片右側是李春生舊居改建成的大樓，左側是李春生捐贈的大稻埕長老教會。李春生是虔誠的基督徒，不只是臺灣烏龍茶之父，也是一位思想家及哲學家。

照片右側是貴德街上的李春生紀念教堂，李春生過世後，其後代捐出作為教堂之用。左側紅磚街屋是錦記茶行的茶葉倉庫，現被指定為臺北市市定古蹟「大稻埕千秋街店屋」。

第四章 錦記茶行的興起

陳寶釵的大哥、大姊及二哥出生時家中事業才剛起頭，但幸運的陳寶釵在一九〇七年出生時，陳天來事業已經蓬勃發展。從陳寶釵和弟弟陳清汾幼年時所留下的照片中的穿著，也可以知道陳寶釵從小生活就過得很優裕。

陳天來之所以會從事茶業貿易並成就一番事業，和他的父親陳澤粟的創業過程有很大的關係。在陳澤粟辭去李春生家的工作後，就由太太及岳父提供技術援助，改為從事火炭業。火炭業和茶業很有關連，烘焙茶葉時需要使用相思樹材做成的木炭，而相思樹林經常都在茶樹園旁邊。陳天來早年幫父親陳澤粟經營火炭行，因為要收購相思樹材作為木炭原料，便經常出入茶園而與茶農熟稔，且火炭行最主要的生意是將木炭賣給茶商作烘焙之用，所以和茶業的上下游都有接觸。茶業利潤遠遠高於火炭業，陳澤粟的老東家李春生又是靠臺灣當時正在蓬勃發展的茶葉外銷生意成為首富。陳天來看到這些機會，在一八九二年，他二十歲獨立創業時，就選擇從事茶葉之製造與販賣。

創業之初，資金不豐，製茶存貨之倉庫均以租用為主，初期的業務只能說不錯而談不上特別出色，但隨著時局演變，上天給了陳天來絕佳的機會。甲午戰爭清廷戰敗簽訂了馬關條約，在一八九五年臺灣割讓給日本前後，不少擁有茶園的地主及富有商家害怕給外人統治，或是害怕因為曾參與臺灣民主國的建立、曾參與抗日行動而被秋後算帳，所以就賤賣家產舉家遷回中國大陸。

陳天來初生之犢不畏虎，大膽危機入市，用自己及夫人的積蓄加上向父親周轉，頂下一些被賤賣的茶園及製茶倉庫。日本人治臺之初看到眾多商人害怕而避逃回去中國大陸，臺灣各地市場漸呈現蕭條景象，於是發布眾多措施鼓勵逃回中國大陸的商家返臺且既往不咎，種種政策施行之下臺灣的市場才得以迅速恢復以往的榮景。在日人治臺之初撿到便宜的陳天來，到了經濟情勢穩定之時已經擁有不少茶園及倉庫，早非昔日吳下阿蒙，趁此時機開始了他在臺灣茶業史上的豐功偉業。

大稻埕是臺灣茶葉重鎮，到了一八八六年，大稻埕已經有兩百五十二家茶商。一八八九年在劉銘傳主導下，烏龍茶茶商成立了「茶郊永和興」，包種茶商另外成立「舖家金協和」，這就是後來臺北市茶商同業公會的前身。茶商公會先後曾經有多次改組及變換名稱，但傳承脈絡則始終未斷。

臺灣茶葉之父李春生在一九二四年過世後，陳天來已然成為臺北的茶商領袖。他在一九二六年接任「同業組合臺北茶商公會」（後改名為同業組合臺灣茶商公會）會長一職直到一九三九年過世為止。之後其長子陳清素也繼續擔任會長。國民政府撤退來臺後，一九四九年臺灣茶業公會改組成「臺北市茶商業同業公會」，並且承繼了臺灣茶業公會的全部財產及業務，名稱沿用至今，陳清汾則擔任了第一任理事長。錦記茶行一家二代都接續擔任茶商同業公會的領導人，誠為佳話，而此空前的紀錄也可以看到錦記茶行在茶業界的勢力。

錦記茶行二樓會客室的陳天來照片（田中淑朝提供）。

一九三一年十二月五日陳天來和四個兒子穿著唐裝合影。前排自右至左第二位起為陳清汾、陳清波、陳天來、陳清素、陳清秀。其他人則大多是錦記茶行的員工。

陳寶釵一九二五年第三高女畢業，一九二八年遠嫁新竹，這一段時間也正是錦記茶行事業達到巔峰的時期。陳天來除了茶行本業的生意外，並多方面發展事業。教育事業如一九一六年開辦泰北中學、一九二〇年開辦大稻埕幼稚園；娛樂事業如一九二三年開辦永樂座戲院、一九三五年開辦第一劇場；餐飲事業如一九三七年併購蓬萊閣酒家等等。這些事業陸陸續續為錦記帶來不少財富，也拓展了錦記的社會關係及名望。

在擔任臺北茶商公會理事長時期，陳天來大力推廣提升茶葉品質，從茶農種植優良品種、製茶工藝改良、包裝運輸現代化及推動公會舉辦茶販品評會等，都有很多貢獻。並且經過多年努力爭取得以獲得石塚英藏總督的同意，在一九三〇年廢止了「製茶稅」，造福了臺灣的茶商們。

一九二三年九月，日本發生關東大地震，死亡人數超過十萬人。臺灣日本總督府呼籲臺人捐款救災，陳天來號召茶業同行踴躍捐款，並捐款領先眾人的金額作為模範。陳天來因為救災捐款金額最多，再加上他在臺北茶商公會理事長任內帶領茶商拓展臺灣茶葉外銷賺取大金額外匯的卓越貢獻，因而得到日本政府贈封「從六位」動等的殊榮。

陳天來六十大壽慶典合照。兒子、兒媳、女兒、女婿及孫輩全員到齊。

第五章
賣火柴的茶行

陳天來之所以能在眾多臺灣茶業經營者中脫穎而出並稱霸臺茶出口市場，主要原因是其他茶商都是透過遍布大稻埕的外國洋行代理出口，茶葉外銷所獲得的貿易利潤有很大比例都由洋行取得。但是錦記茶行的出口並不倚靠在臺洋行之代銷，而是直接出口到各地。

當時茶葉外銷最大的市場是東南亞各地，陳天來派遣長子陳清素長駐印尼三寶瓏分店，次子陳清秀則負責新加坡分店並巡迴中南半島及暹羅市場。少了外商洋行代理時所抽取的中間鉅額利潤，錦記茶行自然獲利甚豐。

另一個很少被大家提到，但其實是錦記茶行重要的成功因素則是「火柴」。陳清素派駐在印尼時，發覺當地火柴價格是臺灣火柴價格的六倍之多。究其原因，是因為當時統治印尼的荷蘭政府為了防範印尼本地人製作土炸彈進行叛離及暴動，對於可以作為製造炸彈之用的磷及硫磺等化工原料都嚴格管控，所以這些原料的價格都奇貴無比。而磷及硫磺也正是製作火柴的原料，既然原料價格高，火柴製作成本當然也會高，印尼當地所製造的火柴價格自然不便宜。

陳清素嗅到了火柴商機，就回報給陳天來，並在臺灣請日本人開設的火柴製造廠代工製造火柴，貼上錦記茶行所自創的「珊瑚牌火柴」商標，出口到印尼販賣。結果幾年下來，火柴交易所賺的利潤比銷往東南亞的茶葉還高出很多。在當時，珊瑚牌火柴在印尼有註冊商標而且是很著名的火柴品牌，一九三三年陳清素結束三寶瓏分店的業務回到臺灣，錦記在印尼的火柴生意隨著茶葉生意一起結束，但珊瑚牌火柴的商標登記並未取消。二戰之後印尼的商務當局還曾來函詢問錦記茶行要不要延長珊瑚牌火柴在印尼的商標登記。

火柴生意為錦記茶行帶來很多利潤，也因為有火柴生意，讓錦記茶行的茶葉銷售在印尼競爭激烈的茶葉市場中異軍突起。因為銷售火柴在印尼有很大的利潤，而珊瑚牌火柴又和錦記茶葉相互搭配銷售，很多印尼當地的商家為了販售高利潤的火柴，就必須搭配購買錦記的茶葉，而錦記三寶瓏分行的茶葉生意可以藉賣火柴的利潤來補貼，所以比其他茶商在價格策略上更有競爭力，這些因素使得錦記茶行的茶葉在印尼的市占率節節上升。

珊瑚牌火柴的商標（陳信濤提供）。

錦記的商標（陳信濤提供）。

錦記茶行在東南亞的生意大多透過當地的華僑網絡，東南亞的華僑很多都是閩南人，對祖籍同樣來自於閩南的錦記陳家，商業網絡的建立得心應手，本來都進行得很順利。可惜好景不常，日本人在一九三一年發動九一八事變，開始侵略中國東北後，華僑間的反日情緒逐漸高漲，各地華人開始抵制日貨，而臺灣是日本的殖民地，臺灣貨自然被認為是日本貨，錦記茶行的生意也連帶受到很大的抵制。

受此衝擊，錦記在東南亞的生意已經很難做下去。一九三三年陳清素結束印尼事業返臺，陳天來派駐在新加坡的次子陳清秀亦返回臺灣。為了彌補東南亞缺損的生意，陳天來派曾經在廈門讀書而通曉北京話的三子陳清波前往中國北方及滿洲國拓展茶葉生意。陳清波有「錦記茶行外交部長」的稱號，個性外向活潑，是交際奇才，陳天來與日本人的往來都由陳清波負責。由陳清波有三個兒子都能夠進入專供日本貴族就學的「學習院」讀書，就可以知道陳清波與日本人的關係有多好。他的交際成果，不只讓錦記在臺灣的生意順暢，也讓錦記在滿洲國的生意及茶葉配額都取得優勢。

陳天來、陳清素與孫輩們在錦記茶行洋樓後花園的假山前合影（陳信濤提供）。

陳清素和子女攝影於錦記後花園，後面隱約可見假山（周友達提供）。

另一個較少人知道的事業發展是陳天來的二子陳清秀，他從南洋回臺之後，因為熟悉財務運作規劃，所以在錦記之下成立永成公司，從事臺灣及福建之間的民間金融匯兌生意。這個匯兌生意也為錦記帶來不少收益，直到中日戰爭延燒到福建之後，匯兌生意才逐漸減少終至停頓。

陳天來的四個兒子，只有長子陳清素是收養的，其他三位都是太太林金英所親生。但是陳天來於一九三九年過世、林金英主持分配家產時，特別多分了一份給非親生的陳清素，稱作「功勞賞」，藉以感謝他在印尼時為錦記茶行賺了那麼多錢。

陳清素長駐印尼期間，跟隨前往的元配夫人蘇蓮妹不幸染病過世。後來他在印尼續弦，娶了當地的華僑名媛楊燕。圖為陳清素、楊燕以及子女們（陳信濤提供）。

站立者為從巴黎回國後的陳清汾，坐者左為陳寶釵、右為陳寶釵的二嫂楊寶。

第六章 永樂戲院和臺灣三秋

在大稻埕永樂町現今迪化街一段四十六巷內曾經存在著於一九二四年完工營運的永樂座。這裡或是演話劇、京劇（又稱正音或平劇），又或是放電影、開大會，人來人往，座無虛席。

原來在茶業生意成功之後，陳天來就開始做一些事業多元化的專業投資，永樂座即為其中之一。這是個近千人座位的活動場所，可說是無人不知，無人不曉。在永樂座裡，也孕育無數不朽傳奇。

李臨秋（一九〇九～一九七九）曾是永樂座的工作人員，後來成為當代最重要的流行音樂作詞者之一，最知名的〈望春風〉即出自他的筆下。李臨秋的祖父經營碾米，祖母陳扁是陳天來姪女。家道本來殷實，但後來因為李臨秋的父親替人作保賠光家產並抑鬱而終，陳扁就向陳家借用錦記茶行旁邊的房屋免費使用。李臨秋小學畢業後家中沒有經濟能力供應他升學，就到永樂座工作。因為漢學基礎深厚，加上自修苦讀，又受到永樂戲院演出的各種表演薰陶，激發出各式各樣優美、通俗、為大眾喜愛，且又可以反映當時民間社會景況的臺語流行歌詞。他青春時期所寫的〈望春風〉，是和留日歸來的作曲家鄧雨賢合作，發表後一炮而紅，成為臺灣剛剛興起的臺語流行歌曲經典，也是傳唱至今的不朽名曲。後來他又陸續創作〈補破網〉等多首名作，終生創作臺語歌詞不斷，成為一代臺語詞人。

〈補破網〉一曲是一九四八年李臨秋在永樂座當經理時所做，當時剛經過二二八事件，他以「補破網」這個隱喻來影射當時臺灣社會經濟金融敗壞、人心惶惶的景象。〈補破網〉歌曲推出時由同在永樂座擔任經理的陳守敬（陳天來大哥陳天賜之孫）改編成舞臺劇，在永樂座及全臺巡迴演出，轟動一時。後來政府單位認為〈補破網〉的歌詞太過灰暗，李臨秋被迫將原本只有兩段的歌詞加上第三段。就因為這段歌詞是在政府壓力下所寫的，李臨秋後來曾經向演唱這首歌的歌者說，他希望只要唱前兩段就好，不要唱第三段。

位於西寧北路八十六巷的李臨秋故居。故居所在的整個街廓原本都是錦記陳家的產業，李臨秋的祖母向陳家借住其中一間，後來則向陳家購買下來。這一個街廓還出了著名的民俗專家莊永明。

在大稻埕民樂公園中的李臨秋雕像。以李臨秋在淡水河邊作詞的照片作為藍本，旁邊有李臨秋所作著名歌曲的解說。

二戰之後，永樂座改名為永樂戲院，顧正秋（一九二九～二〇一六）和她的顧劇團在一九四八年被永樂戲院從上海請來演出。本來簽約的演出檔期只有幾個月，但因為場場爆滿，多次續約，沒想到演著演著，中國大陸卻淪陷了，顧劇團的成員回不了中國大陸，只好繼續在永樂戲院演出。那時候永樂戲院可以說是臺灣唯一有演京劇的大型劇院，隨著國民政府撤退來臺的高官顯要及知識分子難免懷抱思念家鄉之情，最大的慰藉就是去看永樂戲院的京劇。而顧正秋既年輕又能演，在永樂戲院連演五年，天天高朋滿座。

當時的黨政軍高官及商場名人拜倒在顧正秋名下之人（現在的說法叫粉絲）不計其數。負責經營永樂戲院的是陳天來的四子陳清汾，他特別設了現代人所說的ＶＩＰ座位及特別包廂座位，專門招待及服侍各界達人顯要。可能就在這個時期，陳清汾結識了吳國禎，後來吳國禎被任命為臺灣省主席期間，還曾邀陳清汾擔任臺灣省政府委員。陳清汾當時擔任茶業公會理事長，而茶葉外銷當時在臺灣農產外銷項目還占有相當重要地位，應該是他擔任省府委員的主要原因。

顧正秋青春二十年華，師承當時中國大陸梅蘭芳、魏蓮芳、吳富琴、關鴻賓等大師的技藝，也因為她的努力，京劇得以在臺灣傳承並發揚光大，而在永樂戲院的演出也為她帶來了姻緣。

因為眾多達官顯貴來看顧正秋演戲，永樂戲院便成了國民政府的地下政治中心，蔣經國、張群、何應欽、吳國禎、任顯群、許丙等就經常出現在貴賓區。後來傳出有些觀眾不只是來看劇，還是來追求舞臺上的主角顧正秋。最後是發明了愛國獎券、有財政界才子之稱的任顯群贏得了芳心和顧正秋結婚，於是就有人說顧正秋真的是不愛權貴愛才子。

陳寶釵的長子周聖徵在一九四九年到一九五三年就讀臺灣大學，這段期間也正是顧劇團在永樂戲院演出時期。臺灣大學的教授們及中國大陸來臺的流亡學生們知道永樂戲院的老闆陳清汾是周聖徵的四舅，便經常期待周聖徵可以贈送永樂戲院的招待券給他們。周聖徵也不負眾望，使命必達，每個月固定向陳清汾索取招待券轉送教授們及同學。後來臺大國劇社居然要推舉國語都講不好、京劇更完全聽不懂的周聖徵擔任國劇社社長，周聖徵知道那是窮學生需要招待券的妙想，因此婉拒當社長的要求，但答顧正秋在永樂戲院連演五年京劇，是空前絕後的紀錄。圖為多部由顧正秋出演的戲劇。

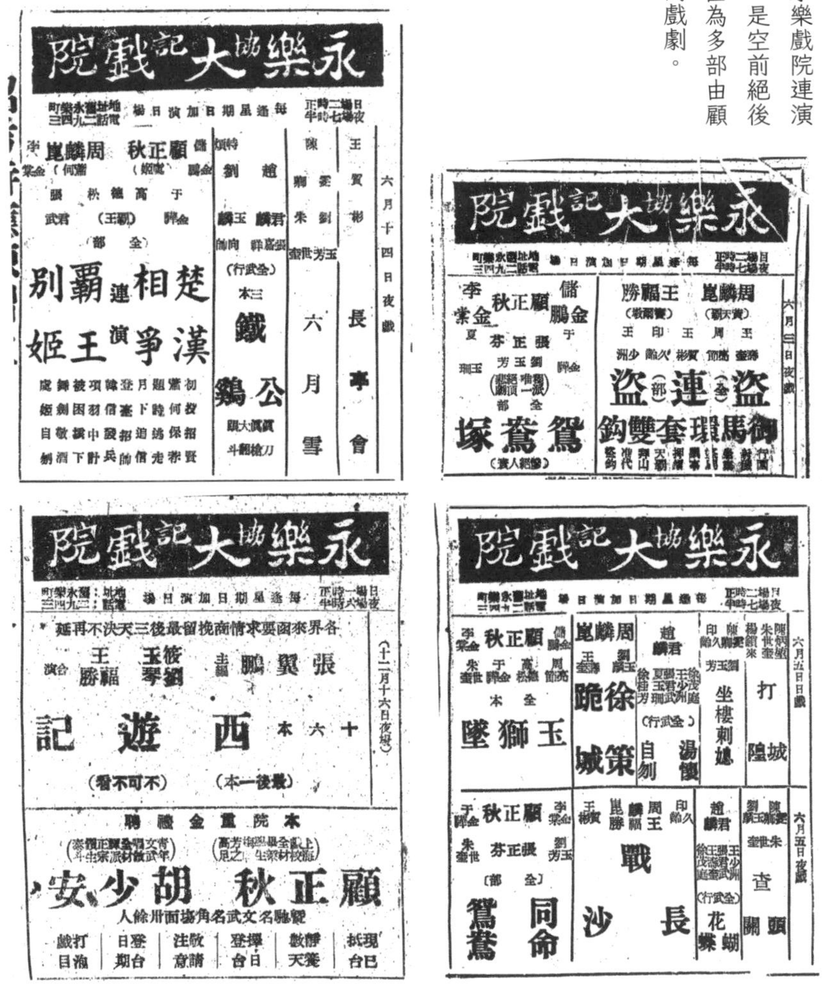

應每個月給國劇社一定數量的招待券。給同學們的招待券純粹只是連繫感情，但是給教授們的招待券就發揮了妙用。在高中以後才由日語改學國語的周聖徵讀大學時其實國語程度不佳，考試時往往受限於國語能力而無法和中國大陸來臺的學生相比。他曾經說過他大學能順利畢業，送給教授們的永樂戲院招待券應該是有所幫忙。

顧正秋嫁給任顯群之後就停止在永樂戲院的演出，永樂戲院便改演電影和話劇。有位藝名叫小艷秋的年輕女演員迅速竄起，成為家喻戶曉的演員。李臨秋戰後擔任永樂戲院經理時甚受東家陳天來後人的尊重和喜愛，後來李臨秋覺得拍電影比較好賺，就和陳天來的孫子陳守仁合資創立「永樂影業社」，也曾帶領小艷秋、紀露霞等人赴香港拍片，並親自為電影主題曲作詞，轟動一時。小艷秋在一九五〇年代的臺語片界可說是第一女星，著名的臺語電影《桃花過渡》、《瘋女十八年》都是由她擔綱主演。

說來湊巧，李臨秋、顧正秋、小艷秋這三位在一九五〇到一九六〇年代臺灣演藝界的名人，因為名字最後一個字都是秋，素有「臺灣三秋」之稱，竟然皆與永樂座有關係。

「瘋女十八年」今開鏡

小艷秋因演出《瘋女十八年》而成為臺語影壇紅遍半邊天的巨星。在戲中小艷秋犧牲美麗的形象，裝扮成瘋女。圖為一九五六年十月二十六日《中國時報》刊登《瘋女十八年》開鏡的新聞。

第七章 第一劇場的愛情劇

第一劇場位於日治時期的太平町（今延平北路）上，是由當時擔任茶業公會理事長的陳天來主辦並號召茶商、親朋好友所出資建立，陳寶釵夫婿周敏益也被邀請成為股東。戲院樓高四層，劇場有一千六百三十二個座位，建築宏偉，外部立面為華麗的條狀裝飾，內部裝潢高雅現代，有旋轉舞臺，並設有當時極為罕見的冷氣及電梯設備。除以放映電影為主之外，也可作劇場使用，附設有咖啡廳、撞球桌等娛樂場地，一樓有森永糖果直營店，四樓全部作為舞廳使用。為了配合臺灣博覽會，在一九三五年落成啟用。在當時是全臺灣規模最大的戲院，也是唯一的綜合性娛樂大樓。

第一劇場除了兼作戲劇演出之外，也會放映影片。主要以放映日本影片為主，也放映好萊塢八大影片公司的西洋片，但在二戰期間中止，戰後才再繼續放映西洋片。轟動一時的電影如《亂世佳人》及日本電影《宮本武藏》、《請問芳名》等均在第一劇場放映。

對錦記茶行來說，這是繼永樂座戲院之後又一個現代的大型娛樂場投資案，也為陳家帶來不少獲利，但恐怕連創辦人陳天來都沒有想到，第一劇場日後居然會成為陳家子弟交際應酬，甚至是邂逅兒媳婦的場所。

當年的電影院會聘請很多女服務生當帶位員，負責引導看電影的觀眾入座。尤其電影開演後燈光會熄滅，在黑暗中必須使用手電筒幫遲到的觀眾帶路入座。

某一年，第一劇場來了一位既年輕又美麗的少女應聘為帶位員，因為貌美如花，突然間所有陳天來孫子輩的未婚男孩都特別喜歡出現在戲院。反正看電影不用錢，只要有空閒就往第一劇場鑽。看電影倒在其次，最重要的是去看小美女，找各種機會搭訕。一時之間第一劇場成了陳家孫輩的愛情戰場，甚至有已婚的孫輩也想加入競爭行列。據說愛情爭奪戰到最後，居然有人放金條在該美少女的便當盒中，企圖「重金收買愛情」。

一位木訥老實的陳家守字輩子弟，知道贏不過能言善道的其他堂兄弟，所以很聰明地去找一直很疼愛他的阿嬤，也就是陳天來的夫人求助。陳夫人對孫輩們爭奪美女之事也略有所聞，知道再不出面解決的話恐怕會鬧成笑話，所以也就順勢出手。陳夫人找來該名少女，細談後甚為喜歡她的純真、誠實，並且得知她確實是比較喜歡那位老實木訥的孫輩，最後由陳夫人出面正式娶為孫媳婦，結束了一場愛情戰爭，也促成了美事一樁。婚後夫妻感情極佳，鶼鰈情深夫唱婦隨，總算沒有枉費那場愛情爭奪戰的艱苦。

大稻埕一帶因為戶口密集、商業繁盛，在日本時代直到民國四、五〇年代，都是臺北電影院最密集的地區。第一劇場旁邊巷子內就有太平館（後改為國泰戲院），永樂市場附近還有大光明戲院及錦記陳家的永樂戲院，加上二戰後興起的大橋戲院以及位於圓環附近的國聲戲院、遠東戲院、大中華戲院，要看電影的臺北人一定要到大稻埕及圓環附近觀賞。

可惜隨著商圈移轉，原本是臺北最熱鬧的太平町逐漸被新興的西門町取代。戰後西門町新增了好幾家電影院，造成了聚落效應，昆明街甚至有電影街之稱。大稻埕及圓環附近的電影院逐漸沒落，第一劇場也難逃被邊陲化的境地，最後在一九九一年拆除改建成為第一企業中心。現在經過附近的人已經完全不知道這裡曾經有過的繁華榮景及上映過的無數著名電影，當然，也更不可能會知道錦記陳家的子弟們曾經在這裡上演宛如電影情節的愛情爭奪戰。

第一劇場落成時的舊照。第一劇場逐漸沒落之後，拆除並改建成現在的第一大樓（周友達提供）。

輯二

金色歲月

第八章
有島生馬的禮物

早在十五歲時，陳清汾就前往日本，師事日本畫壇大師有島生馬（一八八二～一九七四）學畫。那是典型的師徒制學習，正值青年時期的陳清汾吃住都在有島家，所以和有島的感情特別深厚。二次戰後，陳清汾接任茶業公會理事長並擔任省府委員，為了拓展臺灣的茶葉外銷做了一次環球旅行，最後一站選擇在東京停留，也是為了探訪居住在鎌倉的恩師有島生馬。陳清汾在這一趟當時還很少人嘗試過的環球之旅後，寫了一本《萬里孤行——環球見聞錄》，書中特別描述了師徒二人因為戰亂分隔十幾年沒有碰面，重逢後格外珍惜，一直聊到日落時分還意猶未盡。當時已經七十歲的有島還特別從他居住的海濱別墅陪陳清汾走了好幾公里的路到鎌倉車站送行，依依不捨之情溢於言表。

有島生馬是日本畫壇的重量級名畫家，很多貴族及富有人家的子女都來向有島學畫。據陳清汾敘述，有島和川崎重工業株式會社的家族是好朋友，川崎家的千金也跟隨有島生馬學畫。陳清汾長期住在有島家，也因而認識了川崎重工家的千金，互有仰慕之情。但因為陳是臺灣人，川崎重工家是日本重要財閥，以當時社會觀念及氛圍，身分顯然不相當，而且當時法律也不允許臺灣人和日本人結婚，所以這段短暫的情誼也就沒有結果，留下的只有青春時期的浪漫回憶。

一九二八年（昭和三年），有島生馬要去巴黎接受「法國榮譽軍團勳章」（L'ordre national de la Légion d'honneur），陳清汾也跟隨前往，到巴黎學畫。同船一行共四人，除了陳清汾之外，有島生馬還帶著十七歲的女兒曉子以及十三歲的原智惠子。原智惠子是川崎造船的技術長原粂太郎的女兒。一九三七年原智惠子參加了五年一度的第三屆蕭邦國際鋼琴比賽，是第一位有資格參加這項比賽的日本鋼琴演奏家。

從巴黎寄回來的第一封家書上，陳清汾這樣描寫了剛到巴黎的情景：「有島生馬的友人貝伊爾夫人還有住在巴黎的朋友都來迎接我們四個人，我們在里昂車站下火車，然後直接到位於一個美麗市區的Campell旅館住下。從房間的窗戶看出去，有一排冒出新綠的栗子樹，再看過去就是雄偉有名的凱旋門的英姿。」

當時由亞洲前往歐洲的路線有水路和陸路兩種方式，一九三〇年前後臺灣一共有四位到巴黎學畫的畫壇先驅，陳清汾是第一位，他於一九二八年搭船以水路前往。兩年後的一九三〇年，第二位前往巴黎學畫的顏水龍是採陸路前往。一九三二年楊三郎和劉啟祥二人則是走水路，搭乘同一艘船前往巴黎。

陳清汾在一九三一年回臺灣時採取陸路方式，目的是想要體驗各國不同的風情。先從巴黎坐火車經柏林及華沙到莫斯科，再從莫斯科轉西伯利亞鐵路到遠東滿洲里接滿洲鐵路到大連，然後坐船到日本再回到臺灣。這一段路程，讓陳清汾遍覽沿途的歐陸風光，乘坐西伯利亞鐵路的漫漫長路上，也結交了不少朋友。而在離開俄國轉入中國東北地區時，很不巧地剛好遇到九一八事變。事變後中國人民的仇日情緒高亢，臺灣是日本的殖民地，臺灣人身分的陳清汾拿的是日本護照，當然被認為是日本人，行經滿洲地區的旅途過程也遇到了一些障礙。最危險的一次是有青年學生衝上火車要追打日本人，雖然陳清汾坐的是頭等車廂的包廂，是獨立的房間，但還是感受到威脅。

還好隔壁房間是一位從莫斯科開始就一路同行的美國人，長久的相處下兩個人已經相當熟識。當發覺有學生衝上火車時，這位美國人邀請陳清汾躲到他的房間，學生逐房搜查時就由這位美國人開門應付，陳清汾也因而躲過一劫。留學法國的陳清汾對美國的經濟及產業並不清楚，當時並不知道這位救命恩人的背景，只覺得是很健談、風度翩翩的年輕人，並有著奇怪的姓，居然叫作「Singer」（歌唱家）。後來才知道原來他是美國當時最有名的縫紉機大廠「勝家牌」創辦人的孫子。

陳清汾回臺灣後的第二年，就在總督府舊廳舍舉辦了一次成功的畫展，有島生馬並特地來到臺灣為愛徒加油。他聽陳清汾說他最親近的二姊陳寶釵剛剛生下第二個女兒周婉孌，為了表達慶賀之意，就以錦記茶行的後花園作為背景，畫了一幅畫送給陳寶釵作為賀禮。

《萬里孤行》一書的封面。

《萬里孤行》一書的封底。封面及封底的插畫都是陳清汾親筆繪製。

陳清汾接掌錦記茶行的家族事業後，就很少有繪畫作品公開，但他還是很喜歡畫畫。在《萬里孤行》一書中，就有很多陳清汾沿途信手勾勒的素描。這是在香港的素描。

陳清汾在曼谷的素描。

周婉孌結婚後跟母親陳寶釵說想要擁有這一幅畫，陳寶釵說：「這一幅畫是有島生馬為了妳的出生，特別畫來送我的，說起來是因為妳出生才會有這一幅畫，當然應該歸妳所有。」周婉孌至今還一直珍藏著這一幅畫。有島生馬這位大師的畫作在臺灣極少有人收藏，這一幅畫並非從拍賣場購得，而是有島特別為了送給陳寶釵而畫，在臺灣應該是絕無僅有吧。

有島生馬晚年來臺，與陳清汾和王淑儀合影。

有島生馬晚年來臺時，周婉變把握機會，拿著有島生馬的畫作與他合影。這幅畫是有島生馬為了慶賀陳寶釵生下周婉變而特別繪製贈送給陳寶釵的作品。

畫作為錦記後花園一景，適逢春節，故可以看到上方有紅燈籠（陳宏德提供）。

第九章
巴黎的屋頂

〈巴黎的屋頂〉這幅畫，見證了陳清汾的幾段愛情。

自從一九二八年跟隨有島生馬到巴黎受勳之後，陳清汾就留在巴黎學畫，住在巴黎左岸充滿藝術氣息的蒙那帕斯地區，恣意地享受當地自由自在的生活氛圍，接受各種新風潮畫風的洗禮。

一個秋天的午後，他打開住處閣樓的窗戶，看到街頭的房屋層次排列、顏色井然，屋頂上的排煙管錯落有致，點綴著巴黎的天際線，就將眼前美景畫了下來，並且很滿意地為這幅畫取了名字〈巴黎的屋頂〉。

這幅畫作後來在巴黎得獎，陳清汾特別鍾愛，將它掛在畫室的牆上。年輕英俊的陳清汾沉浸在巴黎浪漫的氣氛中難免有戀情發生，他曾經和一位年輕的法國模特兒談戀愛，兩人經常一起在畫室歡唱、喝酒。

直到一九三一年學成歸國時，戀情譜下了句點，而〈巴黎的屋頂〉是少數被帶回臺灣的作品。陳清汾選擇陸路回國，路程遙遠而浪漫，雖然說因此飽覽了歐洲各大城市的繁華榮景及西伯利亞的壯麗風光，但每一段鐵路都要轉車。厚重的行李對旅人是很大的負擔，如果不是特別喜愛的畫作，是不會放在行李箱當中的。

錦記茶行洋樓除了三層樓的本體建築外，後花園中的假山旁邊，還有一棟有著迴廊的一層樓洋房，陳清汾回臺灣後把其中一間房間布置成畫室，〈巴黎的屋頂〉就被掛在畫室的顯眼位置。

返臺第二年的春天，陳清汾在總督府舊廳舍舉辦的畫展非常成功，除了非賣品之外，畫作全部賣光。個性海派、花錢不手軟的陳清汾用賣畫所得買了一輛「黑頭車」，常常在午後時分開車和家人或朋友出去兜風。在私家車極少的一九三〇年代，大家看到留學法國的錦記陳家少爺開著黑頭車出門時，無不駐足觀賞，也算是當時大稻埕一景。

因為〈巴黎的屋頂〉這幅畫是非賣品，畫展之後當然又掛回到陳清汾畫室的牆壁上。陳清汾和日本貴族子爵田中阿歌麿的千金田中不二子談戀愛時，陳清汾便將這幅畫當作定情禮物送給了田中不二子。一九三九年田中不二子嫁給陳清汾來到臺灣時，又將這幅定情畫作運到臺灣，掛在兩人的愛巢牆上。

田中不二子和陳清汾婚後生下女兒淑朝和兒子守一。後來陳清汾另外娶了二房王淑儀，不二子無法接受二女同侍一夫的情景，就帶著兩個小孩回到日本，這幅畫作也跟著被帶回日本。

日本戰後經濟蕭條、百廢待舉，田中家的貴族爵位又被取消，即使陳清汾不時接濟，田中不二子的生活仍過得並不如意。後來不二子將這幅畫送給了女兒田中淑朝，淑朝的先生是一位大學教授，這幅畫也被非常珍重地掛在書房牆上。

經過數十年後，淑朝將這幅畫送給了同父異母的潘仲良先生。

陳清汾是臺陽美展發起人之一，臺陽美展在一九三五年五月開畫展時，潘仲良的母親潘金英就是被請去擔任負責簽名報到的招待員之一。陳清汾見潘金英年輕貌美，還特別請她喝咖啡，但因為潘金英還是學生，當時並無戀曲產生。直到二戰之後兩人再次相遇，再續前緣並生下潘仲良。雖然陳清汾有提供母子生活費用，但小孩沒有姓陳，是從母姓姓潘。

畫中少女與玫瑰為陳清汾以周婉鐶為模特兒所繪。李遠哲父親，同時也是新竹名水彩畫家的李澤藩先生曾說，只有畫技高超的人才敢在白色的背景上畫白色的人物。

陳清汾的畫作〈巴黎的屋頂〉。

淑朝到新竹周益記洋樓拜訪姑姑陳寶釵，和作者周宗武三人從周益記的三個窗臺探頭出來，留下了有趣的合影。

陳清汾和田中不二子所生的女兒淑朝來臺灣玩時的留影。

淑朝拜訪新竹周家時在周家庭院留影。前排左起為淑朝，陳寶釵、陳淑圓（周聖徵的夫人）、周友達（周聖徵的長子）。後排左起周聖徵、周宗武、周宗正。

潘仲良三歲生日時和母親潘金英的合照（潘仲良提供）。

潘仲良事業有成，是上市公司志聯工業公司的董事長，後來認祖歸宗，錦記陳家各房全部承認這一位有血緣關係的異姓兄弟。淑朝將畫作送給潘仲良時也對他說：「恭喜你，錦記陳家接納了你，讓你認祖歸宗成功。我更要謝謝你這幾年常常來東京看我多病的弟弟，並給予他經濟上的幫助。這是父親最喜愛的作品，我把它送給你，也代表我們在日本的這一房接受你，歡迎你認祖歸宗。」

現今留傳在外的陳清汾畫作並不多，潘仲良知道這是他父親最喜愛的畫作，也樂於推廣與借展。二〇一七年，加拿大溫哥華臺灣文化節展出臺灣前輩畫家的畫作，〈巴黎的屋頂〉和〈少女與玫瑰〉（畫中少女是以陳寶釵的三女兒周婉鐶作為模特兒）就是陳清汾參展的代表畫作。二〇二一年年末，臺灣文化協會成立一百年的紀念畫展，〈巴黎的屋頂〉再度作為陳清汾的代表作品參與展出。

潘仲良是上市公司志聯工業股分有限公司的董事長。這是他和父親陳清汾的畫作〈巴黎的屋頂〉合影。

〈巴黎的屋頂〉和〈少女與玫瑰〉在加拿大溫哥華臺灣文化節展出。

第十章
風花雪月與學佛習武

從孩提時代一直到過世之前，陳清汾和二姊陳寶釵兩個人都是感情最密切也來往最頻繁的姊弟，而陳清汾和二姊夫周敏益也因緣際會共同生活了一段時間，因此和二姊夫的感情也特別好。不過話雖如此，因為兩個人的個性及興趣各不相同，一起走過的時光，卻有著完全不同的體驗。

上海歲月

中日戰爭在一九三七年全面爆發之後，為了應付越來越擴大的戰事，日本政府開始大量徵召年輕人入伍，一位在宜蘭南澳山地部落任職的年輕警察田北正記也被徵召。當時山區的日本警察也兼負小學老師的工作，所以田北正記也是當地學生的老師。當田北正記要前往軍隊報到時，泰雅族少女莎韻和同學一起幫忙老師扛行李下山，卻不幸在途中遭遇大雨而落水身亡。本來這個意外不是什麼大事，但日本政府認為可以拿來宣傳日本人對高山族的施政獲得認同及愛戴，除了有大量的文字傳述，日本總督也特別贈送刻有「愛國少女莎韻之鐘」字樣的銅鐘給部落，最後這個故事還編入小學教科書當作教材。

因為宣傳的需要，這個故事也被拍成電影。二次大戰後期戰況日漸吃緊，為了鼓勵臺灣高山族從軍替日本人打戰，日本松竹影業公司奉日本政府指示，派當時紅遍中國的日本美少女歌星李香蘭來臺灣拍攝電影《莎韻之鐘》。李香蘭除了主演女主角莎韻之外，也主唱主題曲〈莎韻之歌〉。雖然電影情節太過簡單而沒有很賣座，但電影插曲〈莎韻之鐘〉則傳唱一時，後來還被翻唱成中文歌曲，就是著名的〈月光小夜曲〉。

一九四三年電影在臺灣上演，李香蘭在臺北第一劇場及大世界戲院隨片登臺表演。第一劇場是當時臺北最大的電影院，也是錦記陳家的產業。陳清汾和日本老婆田中不二子盡地主之誼，出面接待李香蘭住在陳家的北投別墅。

陳清汾的元配田中不二子和李香蘭合照。

李香蘭送給陳寶釵的親筆簽名照。二次大戰後，李香蘭回到日本繼續拍電影，之後嫁給一位外交官，並且在一九七四年從政當選參議院議員。之後更連任二次，前後擔任十八年的國會議員，戰後並曾多次來臺訪問。

陳清汾夫婦和李香蘭在陳家北投別墅花園中的合照。左一為陳清汾，右一為陳清汾的夫人田中不二子，右二為李香蘭。左二及左三為張武曲夫妻。張武曲是大稻埕布商，他們夫妻是李香蘭的頭號影迷，除了贈送李香蘭好幾套旗袍之外，李香蘭在臺期間，張武曲也全程陪伴。陳清汾年輕時英俊帥氣，中年之後較為發福，不復當年英姿。一九六七年李香蘭來臺灣訪問時打電話給陳清汾約碰面，陳清汾在電話中婉拒：「當年妳青春美麗，我也年輕氣盛，現在還是不要見面比較好。可以讓我們彼此所留下的當年美好印象，永留心中。」李香蘭聽完之後哈哈大笑。

而隨著美國在太平洋戰爭中越來越強的攻勢，日本軍隊在東南亞及西太平洋的戰場漸漸失利，需要徵召更多男子赴前線服役。由於已經開戰數年，日本的年輕人大多已經被徵召上戰場，本土的兵源越來越少，日本政府腦筋就動到殖民地的臺灣身上。一九四四年九月開始，臺灣人也有服兵役的義務。

為了避開可能被徵召的麻煩，陳清汾跑到上海躲避。因為陳清汾在日本時曾和一位日本三井財閥的子弟過從甚密，而這位三井家族的子弟也是為了避免被徵召當兵上前線，透過家族的安排在三井集團的帝國銀行下屬的三井生命保險株式會社上海分社擔任總經理，因而得以以類似現在替代役的身分在上海工作，而不必被徵召上戰場。陳清汾到上海投靠這位總經理好友並擔任他的特別助理，透過這種巧妙的安排，兩位舊日好友均可免於被兵役徵召，而在上海平安快樂地過日子。

不久之後，陳清汾的二姊夫周敏益也為了躲避兵役，跑到上海和陳清汾一起在法租界霞飛路租了一棟豪華的洋樓居住。上海的法租界地位很特殊，因為法國被納粹德國占領後成立了維琪政府，而日本和德國又有同盟關係，所以理論上法國和日本還是盟國關係。中日戰爭爆發後日本軍隊占領了上海但並沒有進入租界，在與英美宣戰之後日本占領了公共租界，但還是沒有占領法租界，法租界保持著租界的地位。即使後來經過汪精衛政權的交涉，法國維琪政府放棄了在中國的租界特權，但因為不是由日軍以軍事方式占領，法租界區域還是上海最繁華、最少受到戰爭影響的地區。

在法租界的霞飛路上有個法國軍官俱樂部，曾經留學法國的陳清汾就是那裡的常客。又由於早就認識李香蘭，在她引介下得以結交當時在上海的影劇界人士、女星們。陳清汾經過留學法國的洗禮，是留過學的紳士，懂法文且外表英俊，個性開朗善於交際，出手又闊綽，在上海法租界的生活簡直是如魚得水，樂不思臺。

但住在同一個屋簷下的二姊夫周敏益就過著完全不一樣的生活。周敏益篤信佛教，拜學藏佛密宗，並且在楊氏太極嫡傳宗師陳微明門下學習楊氏太極拳。陳清汾過的生活是風花雪月極盡享樂，周敏益過的生活則是禮佛習拳清淡自持。

二個人同住一棟洋樓中，卻各自過著截然不同的生活，儼然是兩個世界的人。

周敏益與陳寶釵夫婦於一九三〇年代的合影。

一九四四年，周敏益在上海。

北京歲月

當時上海在南京汪精衛政府的管理下還是有一段歌舞昇平的日子，尤其法租界的特殊地位更是繁華如昔，和正進行得如火如荼的戰爭好像一點都沒有關係。可是好景不常，美軍開始在西太平洋地區攻占一些島嶼後，轟炸機的範圍可以到達中國沿海，上海及江浙一帶就開始遭受轟炸空襲。聽聞北京因為是歷史古都，美軍愛惜人類歷史文化遺產較少轟炸，於是陳清汾、周敏益二人在一九四五年的春天搬去了北京。

當時旅居北京的臺灣人士不少，其中最有名及最有勢力的就屬謝介石。謝介石是臺灣新竹人，漢文根底深厚，又是日本明治大學畢業，精通中日語。因交往臺北酒樓名妲王香禪得以娶得佳人，婚後兩人離開臺灣移居上海再轉往天津。因為謝介石在日本讀書時結識了張勳的兒子，所以參與了張勳復辟事件而結識溥儀。日本人占領東北三省後，開始密謀利用已移居天津之清廷末代皇帝溥儀在東北成立傀儡政府，謝介石由於精通中日語又和溥儀有交情，深受日本及溥儀雙方的信任，在滿洲國的成立過程中多有參與。滿洲國成立後，謝介石曾經擔任第一任外交總長和第一任駐日大使。從政壇退下來後擔任滿洲房產株式會社理事長而移居北京。

謝介石和周敏益為新竹同鄉且為舊識，因此周敏益、陳清汾兩人移住北京時和謝家經常互動。周敏益熱中中國武術，尤其是太極拳，北京是千年古都，武術名家不少，周敏益也得以精進所學，並和一樣愛好武術的謝介石兒子謝喆生成為好友。

前排自右至左是周敏益、陳微明、謝介石長子謝喆生（周友達提供）。

王香禪的胞兄王舅舅擅長二胡，王香禪擔任藝伎時吟詩唱劇就是由王舅舅拉二胡伴奏。當時王舅舅也隨王香禪居住在北京，王舅舅的女兒王淑儀正值二八年華，美麗優雅，陳清汾一眼就喜歡上，經過熱烈追求後，已婚的陳清汾取得王家的同意，將王淑儀納為二房。

在二次大戰結束前，陳清汾在北京還有一段奇遇。當時日本敗象已現，美軍經常轟炸日本本土，某日陳清汾北京家中來了不速之客，是一位在上海認識且經常共同飲酒作樂的日本商人和田先生。經過一番寒暄後，和田先生對陳清汾說，他的真正身分其實是日本軍方派駐在上海負責後勤物資採購的人員。他知道日本將戰敗，但他手邊仍擁有一箱本來要用於採購物資之用的黃金金條，他想將這一箱黃金先送給陳清汾，有天戰爭結束後，如果二人都健在，屆時就能分享這些尚未用完的黃金。有這種天上掉下來的禮物，陳清汾欣然答應，就這樣一箱沉甸甸的金條交給了陳清汾。懂得活在當下的陳清汾，不久就用這筆意外之財在北京著名的胡同買下了一座豪宅，一群臺灣人包括新娶的王淑儀及家人都搬進去住。

陳清汾後來說，為了避免惹麻煩，金條是先用鋸子鋸短後才拿出去轉賣變現。那位負責鋸金條的王氏家人憑著鋸金條時掉下來的金粉屑就多娶了一房小妾。由此可見他們當時應該鋸了不少金條，而且也可以看到戰時民不聊生，用錢娶妾又是何等容易的事。而陳清汾顯然財運亨通，戰後那位和田先生一直都沒有出現，陳清汾平白就享用了一大筆意外之財。

周敏益在北京習武學佛，結交了武術的同好，陳清汾則在兵荒馬亂之中又納了一個妾。兩個人的北京記憶，又是何等的不同。

陳清汾旅居北京期間與一對日本夫婦合影。

戰後回臺

日本戰敗後，在中國大陸的臺灣人紛紛回臺，陳清汾也偕同新娶之二房王淑儀一起返回臺北。依當時臺灣富貴人家的慣例，妻妾共侍一夫的現象很普遍，陳家對陳清汾納妾的行為也未見怪，甚至由陳清汾二嫂代為安排，本來準備讓元配田中不二子與二房王淑儀行見面儀式，由二房尊稱大房為姊姊，正式開始二女侍一夫。

但大房元配田中不二子身為日本貴族千金，嚴詞拒絕納妾之事並時常為此大吵大鬧，最後憤而帶了兩個小孩回東京娘家。陳清汾本來對於田中不二子的離去非常生氣，想要休妻離婚，最後被母親勸阻。陳母說日本已戰敗，失去貴族身分的田中不二子已經夠可憐，如果要再跟她離婚，簡直是落井下石、無情無義。陳清汾從此就不再提離婚之事，在日、臺之間維持兩個家庭。

陳清汾一生福祿壽齊全，含著銀湯匙出生，享齊人之福，擔任茶業公會理事長、省府委員、臺北銀行常務董事、泰北中學董事長等要職，從未為錢財所擔憂，富貴榮華，無憾於七十八歲時安息離世。告別式時，田

一九五五年，王淑儀獨照。

王淑儀與美語老師合影。

中不二子以未亡人身分從日本趕來臺北出席。告別式上，王淑儀以二房自居，對田中不二子以姊姊相稱，兩位女人在夫婿喪禮上大和解。

和陳清汾一起在上海躲避兵役的三井生命上海分行總經理也有來臺出席喪禮，他曾經告訴田中不二子說：「我很感謝清汾兄，家父教我如何賺錢，清汾兄教我如何花錢。因為他才使得我的生活得以圓滿精采，真的是我的好兄弟。」

另一方面，周敏益生活簡單而規律，一生的精力幾乎都花在宗教和武術上。

宗教信仰是來自先人的傳承，周敏益的祖父周其華及祖母陳錢曾出資協助興建新竹證善堂，陳錢並且依龍華派齋教信徒以普字作為法名的傳統，取名普銀。母親李氏桔也大力贊助齋教。這些都影響周敏益一生篤信佛教、供養僧侶的作為。

除了齋教之外，周敏益對包括漢傳及藏傳佛教都有很深的接觸。周敏益收藏有日文的大藏經，在二次大戰末期避居中國大陸期間，到處探訪名山高僧。戰後回臺繼續習佛並贊助法師，曾邀請臺灣鹿港出身而在中國大陸學佛弘法的曹洞宗斌宗法師對民眾講《楞嚴經》，也多次向隨國民政府來臺的活佛甘珠爾瓦呼圖克圖請益。

在習武方面，周敏益一生注重養身的武術，尤其對太極拳著力甚深。旅居上海期間即曾拜楊氏太極宗師楊澄甫的嫡傳弟子陳微明大師學習楊氏太極拳，戰後且曾經禮聘陳微明來臺居留，傳教拳術。移居北京期間，更多方求教武術大師。也就是在這一樣時間，和同樣喜好武術的謝喆生時常切磋並成為好友。

謝喆生的太太是開臺進士鄭用錫弟弟鄭用錦的後人鄭蓁蓁。一九三五年日本為慶祝始政四十年，舉辦了臺灣博覽會，謝介石以滿洲國第一任駐日大使身分來臺參加，並且順便為兒子謝喆生主持婚禮。婚禮場面之浩大，是新竹未曾有過的盛況，單單宴請賓客即連續三天，至今仍然是老一輩新竹人的久遠記憶。

戰後謝喆生回來臺灣，但父親謝介石因漢奸罪繫獄無法返臺，母親王香禪也未回臺。周敏益和喜歡武術的謝喆生經常相聚切磋武術，周敏益聘請陳微明老師來臺教授太極拳時，長子周聖徵也跟隨專心學習而精通太極拳。在周敏益不幸於一九五一年因癌症過世後，周聖徵基於對武術的愛好，持續和謝喆生時有往來，謝喆生可謂貫穿周家兩代的好交情。

周敏益為人嚴肅，深知武術之奧妙及對身體之助益，在家嚴格要求家眷跟隨習武。周家子女每天早上都要先蹲馬步及坐禪半小時，等武術功課做完之後才可以出門上學或遊玩。而且不只對子女如此要求，如果有親戚朋友的小孩來周益記洋樓度假時，也一樣會被要求。錦記陳家的小孩到新竹姑姑陳寶釵家遊玩時，對於被姑丈每天要求早上必須練完武術功課才可以出門，都印象深刻。

中坐者為甘珠活佛，活佛左方為道教奇人劉培中，活佛正後方站立者為周敏益。

第十一章
最後一場盛宴

陳寶釵嫁入新竹周家後，短短六年之內就生了四個小孩，二男二女，她曾經笑著跟自己的母親說她年年挺著大肚子，已經很久沒看到自己的腳趾頭了。

一九三九年五月，陳家四子陳清汾在東京迎娶日本貴族田中阿歌麿子爵的千金田中不二子為妻，陳家由陳母、老三陳清波、二女兒陳寶釵偕同夫婿周敏益等，作為親族代表參加在東京帝國大飯店舉行的結婚典禮。臺灣各大報紙對這場婚禮都有大篇幅的報導，這是首次有日本貴族女孩嫁給臺灣郎，也是日本對臺灣民眾開始實行皇民化政策後的一大盛事。

日本上流社會及貴族人家女孩未出嫁前都會安排學習類似詩、書、棋、琴、刺繡女紅等課程，以提高婚後生活的品質。有島生馬身為畫壇名家，家中就開設有畫室教導貴族及豪族的千金淑女們西洋畫。陳清汾在巴黎習畫學成後，經常往來臺灣、日本之間從事畫作及兩地間藝術交流，因為常常出入恩師有島生馬的畫室，也有機會客串講座為師傳藝。日本在一九三七年開始在臺灣實施皇民化政策後，不再反對臺日之間的通婚，所以當陳清汾和前來有島生馬的畫室學畫的田中不二子交往並準備結婚時，沒有受到任何的阻止及反對，反而為了彰顯日本政府對臺人皇民化的誠意，而對田中與陳家的聯姻頗為讚許。

陳清汾和田中不二子的婚禮可以說是錦記茶行風光歲月中的最後一場盛宴。在婚禮之後的半年，陳天來就在一九三九年十一月病故。陳天來開創了錦記事業集團，也以茶業公會理事長的身分帶領了臺灣茶葉外銷盛世，而在他離世之際，也正值世界多事之秋的開始。德國攻占波蘭、日本占領中國大半江山，以國際貿易為主的錦記茶行，出口生意大受影響。東南亞生意已經幾乎停擺，對其他地區的生意也毫無起色。本來二子陳清秀從東南亞回臺灣後，還憑著其金融長才經營臺灣與中國大陸之間的私人金融匯兌生意，也算是頗有獲利的生意，但在中日戰爭全面爆發後，匯兌也漸入險境，終至完全無法經營。

一九三九年三月十一日，日文版《臺灣日日新報》上有關陳清汾與日本田中阿歌麿子爵的次女田中不二子在東京華族會館結婚的報導。由公爵鷹司信輔與有島生馬共同證婚。

陳清汾氏が結婚 本島洋畫壇の中堅作家、臺北市港町陳天來氏令息陳清汾(三二)氏は子爵田中阿歌麿氏次女不二子孃(二五)と婚約なり來る十六日東京華族會館で公爵鷹司信輔氏、有島生馬畫伯兩氏の媒酌で華燭の典を擧げる事になつた

陳清汾與田中不二子的結婚照。年輕時的陳清汾英俊瀟灑、才氣縱橫、浪漫多金，情場上無往不利，與田中不二子可說是郎才女貌。

戰爭對於錦記陳家與陳寶釵遠嫁的新竹周家有截然不同的影響。由於周家有大片水稻農田，年年出產兩期稻米，稻米又因時局不穩價格攀升，獲利反而較承平時期來得豐厚。雖然太平洋戰爭爆發後日本政府出手，祭出管制糧米且禁止私自出售等戰時配套措施，但整體而言，戰爭對於周家的經濟收入來源大致影響較淺。

反觀錦記陳家，受戰事的影響很大，雖然名下財產還是很多，但因為貿易生意受阻，現金流出了大問題。為了救急，派老三陳清波到新竹二女婿周家籌款應急，女婿周敏益也大氣允諾並抵押良田借款資助陳家。戰爭初期日本在各地的征戰大部分都是捷報，到後來太平洋戰爭逆轉，日本由勝方轉為敗方，在美國收復菲律賓後，臺灣首當其衝，局勢比之前更加惡化。

就在局勢逐漸惡化的當頭，陳家老三陳清波在一九四四年染惡疾病故。在陳清波過世前，陳寶釵及夫婿周敏益前往探視，陳家的人本來以為二女婿是要來談返還借款之事，沒想到周敏益在病人及陳家族人面前將陳清波簽的借據撕毀。事後錦記茶行陳天來夫人召集家族會議，當場向子孫宣布：「釵啊，永遠在我們陳家有雙筷子。」也就是說陳寶釵雖然是嫁出去的女兒，但在我們陳家是有一席之地的。

陳清汾婚禮時的大合照。最右邊站立者是陳清波，陳清波左邊是陳寶釵，最後一排最右邊是周敏益。

到東京參加陳清汾婚禮時陳寶釵與夫婿周敏益的合照。

第十二章
以機智躲過捐獻珠寶的劫難

二戰末期，日本除在臺灣徵兵外，也大肆逼迫臺人捐助錢財，要求較有錢的人家將家裡的珠寶、黃金捐出來給日本政府，以便將其變賣後的所得，拿來當作支援前線作戰之用。新竹周益記家也算是大地主，當然也列在必須捐獻珠寶黃金之對象。

當時新竹有一位王姓臺籍巡佐警察，為了達到捐獻業績，想出了一個令人痛恨但很有效的方法。他知道一般老百姓普遍都相信神佛而不敢違逆，就訂下規矩，被指定捐珠寶者必須在新竹人最信仰的城隍廟前向神明發毒誓：若謊報家中珠寶數量短少捐獻，將不得善終。那個時代的人們沒有人敢對神明說謊，每個人都乖乖實報家中珠寶數量，大量捐獻珠寶的政策搞得怨聲四起。

周敏益是個禮佛虔誠的佛教徒，鐵定是不敢忤逆神佛，但卻又不甘心家中大量珠寶黃金被逼捐獻。更何況家中珠寶首飾大部分是夫人陳寶釵的嫁妝，連太太的財產都無法保護實在有失男人顏面。周敏益為此整天悶悶不樂，不知如何應付。

聰明的陳寶釵看在眼裡，就跟丈夫開導說，我們捐助的財寶將幫助日本政府拿去買武器殺人，相信上天有好生之德是不會允許的。多捐珠寶等於多殺人，上天一定不樂見，珠寶捐越多罪孽越重，不捐珠寶反而罪孽少。為了少捐珠寶而發假誓，一定不會被天譴的。周敏益終於釋然，只拿了些價值較低但看起來有分量的鍍金飾品、項鍊、珍珠等充數過關。捐獻珠寶之後，周敏益還是怕警察會來找麻煩，只好整裝離開臺灣遠赴上海，和已經在上海的內弟陳清汾會合，避兵險去了。

日本政府戰爭末期搜括臺灣民間財寶，因時間已接近戰敗無法處理，據說在臺灣中部挖有秘密山洞隱藏，二戰後無法帶走就留在那邊。二戰結束之後數十年，還屢屢有日本人來臺申請挖寶，就是衝著這些傳聞而來。不過挖寶之事均無所獲，到底那些珠寶藏在何方至今也還是個謎。

民間另外還有一個傳聞，是說日本在臺的高官趁著最後還有辦法撤離時，載滿一架運輸機的珠寶要飛往日本，但起飛後因為太重而摔撞到臺北圓山一帶，珠寶散落在圓山樹林中。這個傳說是不是真的，就看有沒有幸運的人那天在圓山割草挖土，說不定就會撿到當年遺落之珠寶。

新竹那位王姓警察受新竹人痛恨，日本戰敗後趕緊避風頭躲到南部山區。新竹民間有傳聞說他最後還是被發現而被捉回新竹，被新竹市民打個半死，沒有半個人同情。

日本人逼迫臺灣人強捐珠寶之事留下了許多不知真假的傳聞，不過對周家而言，一個絕對不是傳聞、千真萬確的事實是，因為陳寶釵的聰明機智，保留了周家的大部分珠寶。

陳寶釵在錦記茶行後花園留影。

陳寶釵的梳妝檯上一直擺置父親、母親、丈夫的三張照片。父親這一張是陳天來和陳清汾的太太田中不二子在陳家北投別墅的合照。漂亮的田中不二子是日本貴族，嫁來陳家後受到陳家上下的敬重。

陳寶釵的梳妝檯上母親林金英照片。

陳寶釵的梳妝檯上丈夫周敏益的照片。

第十三章 飛過周家上空的神風特攻隊戰機

陳寶釵嫁到新竹後，周敏益因為求學及經商的關係，在外奔波的時間不少，但兩人在十三年間還是生下了四男三女，依序為周聖徵、周婉卿、周婉孌、周麟徵、周婉鐶、周宗正、周宗武。二戰末期，周敏益避走上海、北京，陳寶釵一個人要養育照顧七個小孩及周家家業。雖然說周家有僱用管帳行政人員以及家務幫傭人員，但一介女子要管理這些人也不是容易的事。尤其戰爭末期物資缺乏，單單要張羅一大家子吃飯就要傷透腦筋。陳寶釵以其高度的智慧及堅毅的信念，撐過這一段艱苦的歲月，真的不簡單。

本來日本人對臺灣這個殖民地的人民沒有辦法完全信賴，所以二戰初期也不敢運用臺灣的人力，所有戰事的責任還是由日本本土的人民擔當。但到了戰爭末期，日本敗象漸露，多年征戰人員耗損、兵源缺乏，就開始徵用殖民地的人民作為戰備防衛的力量。

周家二位才就讀初中的大女兒及二女兒被徵調訓練為軍護士。大女兒周婉卿曾經回來告訴大家，她們訓練時練習拿削尖的竹管自我防衛。教官教導她們如果遇到美軍傘兵從天而降時，要如何用尖竹管插美軍傘兵的屁股制敵。

過沒多久，才十六歲的周家大兒子周聖徵也和一群同學被徵調去當學生兵防守通霄漁港。陳寶釵除了要維持家中生計之外，還要擔心年幼的兒女參與防禦戰備任務的安危。

所幸美軍採取跳島登陸的戰爭策略，跳過臺灣直攻沖繩島逼進日本本土，臺灣並無受到戰爭的影響。不過雖然美軍沒登陸臺灣，卻經常派轟炸機轟炸各地機場及港口軍事設施。當轟炸機低空飛行轟炸時，聲音振動到連玻璃窗都作響，男女老幼都嚇得不知所措。

周聖徵被徵召為日本的學生兵，負責防守通霄漁港，是日治時期最後一批被徵召的學生兵。戰後周聖徵就讀臺灣大學，畢業後入伍當第一期的中華民國預備軍官。中日兩國是在二次大戰時曾經兵戎相見的敵對國家，歷史的因素，卻讓身為臺灣人的周聖徵曾經在兩個國家的部隊中都當過兵。這是很多那個時代剛好適值服役年齡的臺灣人共同的經歷，說起來真是大時代的荒謬。

左上為被徵召當日本學生兵的周聖徵，他是最後一批日本學生兵（周友達提供）。

周聖徵在大學畢業後服兵役，是中華民國第一屆預備軍官，這是他穿軍服的照片。他在中學時代當日本學生兵時，要對抗的是包括中華民國在內的盟國軍隊。如果中學時期的周聖徵和大學畢業的周聖徵在戰場上相遇，必定不知如何是好（周友達提供）。

新竹到通霄一帶的海邊和中國的平潭島對望，是臺灣海峽最窄的地方，而通霄地區有虎頭山，居高臨下可俯瞰監控臺灣海峽。一九〇五年日俄戰爭爆發時，日軍設於通霄的情報站最先發現俄國波羅的海艦隊通過臺灣海峽的蹤跡並回報日本海軍而立下功勞，日本人遂在通霄虎頭山上建立日俄戰爭紀念碑。因為是海戰勝利紀念碑，所以是艦錨及艦砲的形狀。戰後國民政府來臺，直接磨掉原碑文，改為臺灣光復紀念碑。因為通霄的戰略地位，日本人極為注重通霄港口的防衛工作，周聖徵當日本學生兵時即被派到通霄防守。

和臺灣其他各地的大城市相同，新竹也有一所師範學校專門培養小學老師。師範學校都會設立附屬小學，讓師範學校的學生有地方可以實習當老師。師範學校成績優秀的畢業生也都會被留下來在師範附小任職當老師，所以各地的師範附小通常都是當地的明星小學。

周家的小孩全部都就讀竹師附小，在二次大戰末期有兩位剛從師範學校畢業的學生到竹師附小實習，一位是教音樂的勝谷老師，一位是教體育的兒玉老師。兩位都是周麟徵的老師，因為是遠從日本來臺求學的十九歲年輕人，很受周麟徵的喜愛，常常邀請來周益記家中吃飯。陳寶釵把他們兩位當成自己兒輩看待，給予家庭的溫暖，兩位年輕老師也和周家小孩打成一片。不久之後戰事吃緊，兩位實習老師都被徵召去當兵，勝谷當了空軍成為飛行員，兒玉則加入陸軍被派去守護高雄港。

有一晚勝谷穿著空軍飛行裝非常帥氣地來到周益記，他是來告別的，感謝周家給他的照顧和溫暖，並告知兩天後將出任務擔任神風特攻隊為國奉獻。周家頓時陷入一片哀愁，一個年輕的生命就這樣要去為打不贏的戰爭犧牲，但也沒有辦法，陳寶釵只能說些鼓勵的話，並為其餞行。勝谷離去時和周聖徵約好，兩天後進行飛行任務時他會從周家屋頂上方的空中飛過去。

在兩天後的早上九時，周聖徵拿著一支長竹竿，竹竿上頭綁著長長的紅布條，爬到周益記的屋頂上等候。果然不久之後有一架零式戰鬥機從新竹機場起飛，往北門街周益記屋頂的上空飛過。周聖徵用力揮舞竹竿上的紅布條，只見那架飛機的機翼左右上下擺動做出回應後揚長而去。周聖徵繼續揮舞竹竿，一直到看不見飛機的蹤影，滿臉眼淚坐在屋頂上久久不願意下來。

看著老師在眼前消逝奔赴死亡的周聖徵固然悲痛萬分，坐在神風特攻隊飛機上的勝谷老師心情應該也是百感交集吧。遠離日本家鄉來臺求學，即將面臨死亡時卻無法向真正的家人道別，只能對將自己視為一家人的周家道別。周家上下對於勝谷老師在赴死之前能夠將周家視為家人而前來道別，並讓他能夠獲得道別家人的慰藉，也十分感念。

一九四五年八月十五日日本宣布無條件投降，比較幸運的兒玉老師因為是負責駐守高雄港口，並沒有真正參與戰事，戰後安然無恙回到新竹。在等待遣返的這一段時間，他把周益記當作他的家，經常來訪。為了怕招惹到國民黨的部隊，兒玉老師在新竹等待回日本的這段期間，在外頭都假裝成啞巴，以免失言惹禍。

兒玉要回日本之前最後一次來周家告別時，周家的孩子們聽到親愛的老師要離開了，都非常難過。幾個小男生居然天真地將兒玉的鞋子藏起來不讓他走，以為這樣就能留下兒玉。經過陳寶釵的開導，男孩子們才心不甘情不願地把鞋子拿出來。從周家孩子們這個天真的舉動，也可知道這些老師和周家小孩子們的深厚情誼。

三十年後，陳寶釵七十歲。當她在臺北做壽時，兒玉老師還帶著夫人一起從日本飛來臺北參加，和周家兄弟姊妹一起敘舊話當年。

兒玉老師一九四五年末返日時與周家合影。後排右一為堂兄周瑞琦，右二為兒玉老師，左一為陳寶釵，其餘為周家的七個小孩。

陳寶釵七十歲時，兒玉老師陪同夫人一起來臺和周家兄弟們敘舊，再續前緣（周士勛提供）。

第十四章
風雨中的女強人

二次大戰後，陳寶釵人生的挑戰才真正開始。

戰後，對臺灣人民造成最大生活傷害影響的就是二二八事件，但新竹很特別，二二八事件在新竹並沒有造成太大的混亂和傷害，這主要是因為有一位新竹出身的國民黨少將蘇紹文。

蘇紹文是位很傳奇的人物，畢業於新竹公學校及臺灣商工學校，後來前往中國大陸並就讀北京大學，之後受蔣百里影響而棄文從武，前往日本就讀士官學校砲科。畢業後回到中國大陸參軍並加入中國國民黨，因為曾參與多次戰役而有戰功，並晉升少將。二二八事變時，他被任命為新竹防衛司令。憑他對國民黨運作的瞭解及各種關係，再加上地方人脈及新竹當地仕紳對他的信任，平衡了來自上層的壓力及民眾的訴求，穩住了情勢，讓事態沒有惡化下去。新竹人感念他的功勞，第二年讓他當選了新竹地區的國大代表。

二二八事變對新竹周家沒有造成太大的傷害，但對陳寶釵而言，戰後生活最大的變動是一連串的財政及土地政策對家中經濟所帶來的衝擊。從出生直到二戰中期，陳寶釵基本上過著無憂無慮的富裕生活，即使戰爭末期因為丈夫不在身邊，再加上長期戰事導致物資缺乏，但憑藉周家擁有大片土地所收到的佃租，還是可以過著不錯的生活。本來以為戰後逐漸可以回到之前的生活，但即使躲過了二二八事變，還是無法迴避舊臺幣換新臺幣的劫難。

二戰時臺灣豐富的物產因為需要支援日本的戰事，一度發生物資短缺的困頓現象，但戰後就迅速恢復，很快就又出現豐衣足食的景象，稻米、茶葉、糖及樟腦油均可出口賺外匯。可惜由於國共內戰愈演愈烈，臺灣糧食及物資大量輸往中國大陸應付軍隊所需，讓臺灣物資缺乏、供需失衡、物價高漲，再加上貪汙盛行、財政措施失衡，導致臺幣大貶值，逼得最後必須重新發行新臺幣，以四萬舊臺幣換一元新臺幣。很多有積蓄的人家一夜之間資產大幅縮水，周家的財務當然也受此影響而開始出現問題。

而更大的影響還在後頭，一九四九年陳誠省主席宣布實施三七五減租，地主只能收取佃農的千分之三七五的農作物產值。接著一九五三年更實施耕者有其田，周家原有百甲以上的水田，除了法定可以保留的小部分之外，全部被放領給佃農，換來的是以極低價格折算的土地價款。而且土地價款並不是發現金，其中百分之三十是用價格高估且無市場行情的四大公營公司股票交換（臺泥、工礦、臺紙、農林），另外百分之七十用實物債券分十年償還。

雖然說每個地主名下可單獨保留七至十二等則水田三甲或者旱田六甲，但對於原本有上百甲土地的佃租收入、過著富裕生活的周益記家族來說，真的是青天霹靂，收入頓時大幅減少。對陳寶釵而言，可以說是人生歷程中第一次有生活拮据的感覺。而且屋漏偏逢連夜雨，最令人無法接受的是家主周敏益得到鼻咽癌過世，周敏益家族此時可以說從天上掉入谷底。

堅毅的陳寶釵並沒有被這些接二連三的困境所打倒，相反地，她打起精神，用智慧來規劃往下要如何走。既然周家賴以維生的農地大部分被徵收放領，開源已不可得，第一步當然就是要節流。周家是傳統典型的地主，每個成員包括小孩都有專人伺候，而收租記帳、維持家居也需要掌櫃、長工、婢僕，家中僱請來幫忙的人手很多。既然家中財務不若以往，陳寶釵就逐步減少人手。她安排服務多年的二位女婢嫁人，裁除了掌櫃、長工，到最後家中只剩下一位廚師及一對母女幫傭。

在耕者有其田的政策中，被強迫徵收放領的農地是以較低的價格計價補償給地主，這已經被剝了一層皮。而補償所得到的四大公股公司股票，也因為臺灣證券交易所當時還沒有成立，股票沒有行情，習於收租維生的地主們根本不知道股票有什麼用，認為只是一張紙又不能拿來吃。而因為失去固定地租收入使地主們的財務狀況變得很差，為了變換成可以花用的現金，很多地主就將徵地換得的公股股票以低於票面金額甚多的價格出售，這等於又被剝了一層皮。臺灣五大家族趁機低價購入股票，造就了這些家族後續的事業版圖，但除了這些懂得收購股票的大家族之外，數量龐大的中小地主們低價賣出股票後換成的現金很快就花用完畢，原來家境富裕的地主們短時間內就家道中落。

周家很幸運地沒有被剝第二層皮。周敏益過世後，必須繳交巨額的遺產稅，周家的佃租收入已經大幅減少了，哪來那麼多現金繳稅？幸好此時陳寶釵弟弟陳清汾還在當臺灣省政府委員，懂得一些法令，教陳寶釵用耕者有其田轉換的公股股票抵繳遺產稅。這是高招，因為如果先去賣股票取得現金來繳稅，就只能夠換得遠低於票面金額的現金，等於被剝第二層皮，但如果用公定的股票面額價來抵繳稅金，政府就無法拒收，不會損失票面金額和實際交換金額的價差。

也就在這一段困頓的期間，陳寶釵還適時提供給娘家一大支援。

在中國大陸淪陷前的幾年，臺灣盛產的稻米被大量運送到中國大陸支援戰事，臺灣缺米情形非常嚴重，米價飆揚，臺北有時候甚至有錢也買不到米。周益記因為是產米的大糧戶，除需繳交政府的額度之外，尚有辦法挪出餘糧。錦記陳家人口眾多食指浩繁，陳寶釵再一次出手解救娘家，派長工去臺北陳家各房一家一家地送白米救急。有經歷過這一段缺米恐慌的陳家子孫在多年之後回想起「新竹姑」送來的白米，都還記得當時的喜悅之情。

陳寶釵長孫周友達滿月時的家族合照。

一九四〇年代，陳寶釵與陳清汾合影，姊弟情深。

陳寶釵二子周麟徵要入伍當兵時留下的全家福照片。除了周家的七個小孩之外，還有錦記陳家的小孩一起入鏡。陳守望是陳清素之子，陳守誠、陳淑婉是陳清秀之子女，陳守仁是陳清波之子，陳守億（原名陳守中）是陳清汾之子，陳美娟是陳守望之女。由照片中和樂如一家人之神情，可知周家小孩和陳家小孩關係之親密。

第十五章
在紐約中央公園打太極拳的老婦人

陳寶釵出嫁時，除了豐厚的嫁妝之外，還帶了兩個貼身內婢，這是早年富貴人家千金小姐出嫁時的習慣。

富貴人家的子弟無論男女，從出生開始就有專人伺候照應。一般女孩子出嫁之後要侍奉公婆、操持家務，這可不是從來不做家事的千金小姐能夠做得來的，當然要有人幫忙。因此，富家千金出嫁時從娘家帶婢女陪嫁過去幫忙就成為必要的「配備」。

而婢女何處來？這就要從早年賣女兒的悲慘習俗說起。早年小孩子生得多，不像現在這麼珍貴，即使是家中經濟還不錯的人家，將小孩子送給人家收養也是常有的事。就連富貴如陳天來家，三女兒陳寶霞也因為算命仙的一句話從小就送給人家收養。至於生活極為困苦的人家，就會考慮將小孩出售。賣男孩子的情形也有，但比較少，因為男孩子長大之後能夠幫忙家中經濟還能傳宗接代，非不得已不會出售。而女孩子在當時的社會中根本沒有工作機會，被認為是賠錢貨，所以如果家庭經濟困難而無法生活，通常就是賣女兒。一方面家中馬上有一筆收入，另一方面家中少一個人吃飯就減輕經濟負擔。

至於女孩子被賣之後的前途就要看個人造化。最差的就是被賣到妓女戶，往後的生活當然會很悲慘。稍微好一點的就是賣給人家作苦工，雖然少了肉體被蹂躪的痛苦，但一般而言出路也不好。也有賣給人家作媳婦仔的，將來會被「送作堆」嫁給收養家的男生，如果遇到先生好的也能苦盡甘來過得不錯，但媳婦仔的出身總是會被壓抑，不容易出頭。

最好的出路是賣給富貴人家作小姐的內婢。在富貴人家至少衣食無虞，吃穿都還不錯，侍奉小姐的工作一般都不會太粗重，而小姐們食衣住行各方面不可能寒酸，就能夠跟著小姐見見世面。如果小姐出嫁後無法生育，小姐還會鼓勵陪嫁的內婢給先生當妾。最大的好處是內婢本來就是小姐的下人，即使成為妾之後生下小孩地位會提升，但和小姐相比還是矮上一大截。對正宮大房而言，一向受自己使喚的婢女成為先生的妾，總比先生到處拈花惹草找來外人和她對抗的好，所以內婢也有成為主人家的小妾而提升地位的可能。即使沒有成為妾，留在主人家生活也會比原生家庭的窮苦生活好很多，也有不少心腸比較好的富貴人家在婢女長大成人後會幫忙找個正當人家出嫁，通常也會給一點錢當嫁妝。

陳寶釵出嫁時帶了兩個內婢，因為丈夫周敏益生活清淨自持，從未有納妾的想法，在周家待過的女婢都是由主人家安排出嫁。其中陳寶釵的一位貼身內婢經過周家介紹嫁給錦記茶行的長工，生了個兒子很爭氣，讀書讀得很好。後來考上臺大醫學院，畢業後出國留學，取得博士學位後在紐約當醫生，並將二老接到紐約居住養老。這位內婢出身的阿嬤就在紐約含飴弄孫，閒時夫妻倆還會一起在中央公園打太極拳，過著優裕的晚年。

因為耕者有其田政策，周家有一塊較近市區的水田，放領給一位朱姓佃農。沒想到因都市計畫所需，那一塊農地被編成建地，朱姓佃農賣地致富，聽說還娶了小老婆。在大家都還在騎腳踏車的時代，朱姓佃農的兒子已經在騎 150c.c. 的機車了。在耕者有其田政策實施之前，朱姓佃農每年清明節都會來周家幫忙挑祭拜祖先的牲禮，送往青草湖的周家祖先墓地，陳寶釵曾經說朱先生每年都來幫周家挑祭品去掃墓，一定是祖先感激他，他才能享受到放領周家土地的好處。

從日本人在明治三十八年所繪製的新竹市街改正計畫圖可以看得出來，新竹市是以北門街為中心向兩邊拓展，中間有個三角形地帶為城隍廟所在，是新竹市的中心，也是最容易辨識的地標。周益記是當時新竹市北門街上最重要也最漂亮的建築，有北門街第一豪宅的稱號。如果比對現在的地圖，城隍廟旁邊的三角形地帶仍然很明顯，北門街及左側平行的長安街也仍然維持原貌，但相對於後來開通的幾條大路，北門街已經變成小街道了。

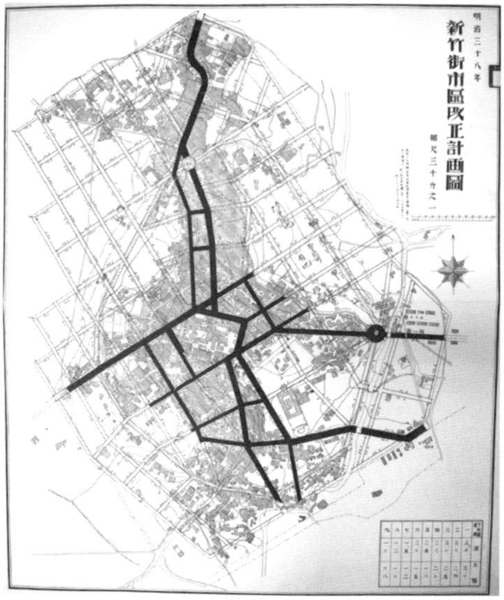

周宗武和子侄輩在新竹周益記家中合影。背景可以看到周家家中擺設的都是珍貴的酸枝木家具。

周宗武的太太方玟宜和女兒在陳寶釵的房間中留影。背景中陳寶釵睡覺的銅床是她結婚時陳天來從歐洲進口的舶來品。

周益記洋房當中有十六張鑲貝殼酸枝木太師椅，陳寶釵遷居臺北時，分給四位兒子每個人四張分別保管。

每年農曆春節，周家都會幫太師椅穿上紅衫，直到正月十五元宵過後才會取下。紅衫是金欉刺繡，上半部是鳳形、下半部是虎形。周家一直遵循的這種年節習俗，已不多見。

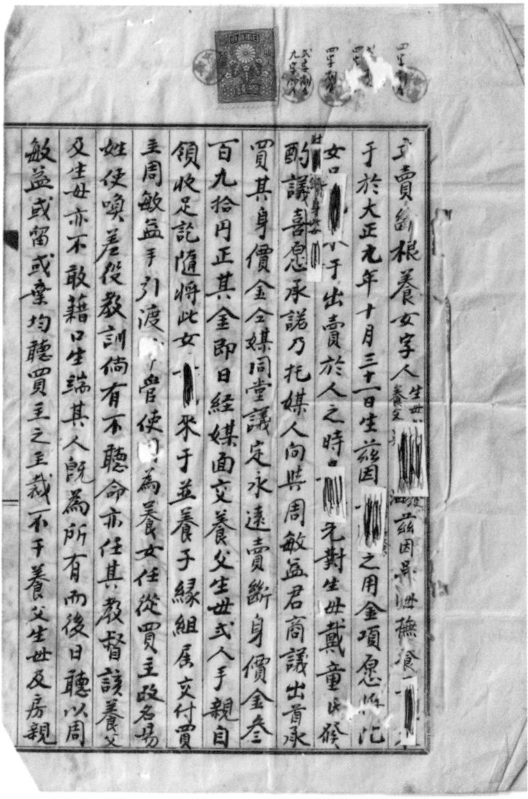

立賣斷根養女字人生母養父[redacted]茲因[redacted]無食[redacted]
于於大正九年十月三十一日生茲因[redacted]之用金項愿將汇
女口[redacted]小子出賣於人之時。[redacted]先對生母戴童氏發
酌議喜愿承諾乃托媒人向與周敏益君商議出首承
買其身價金全媒同堂議定永遠賣斷身價金叁
百九拾円正其金即日經媒面交養父生母式人手親自
領收足訖隨將此女[redacted]來于並養子緣組屆交付買
主周敏益手引渡嘗使為養女任從買主改名易
姓使喚差役教訓倘有不聽命亦任其教督該養父
父生母亦不敢藉口生端其人既為所有而後日聽以周
敏益或留或棄均聽買主之主裁一不干養父生母及房親

周敏益在昭和三年購買女子作為養女之契約（名義上是養女，實際上是下女）。當時富貴人家購買窮人家庭的女孩作為下女是極為普遍的現象，一九二九年購買十五歲少女的價錢為三百六十元，約當時小學老師八個月的薪水。這幾張照片中的養女購買契約中的養女和本文中所敘述陳寶釵的內婢並非同一人。

在紐約中央公園打太極拳的老婦人

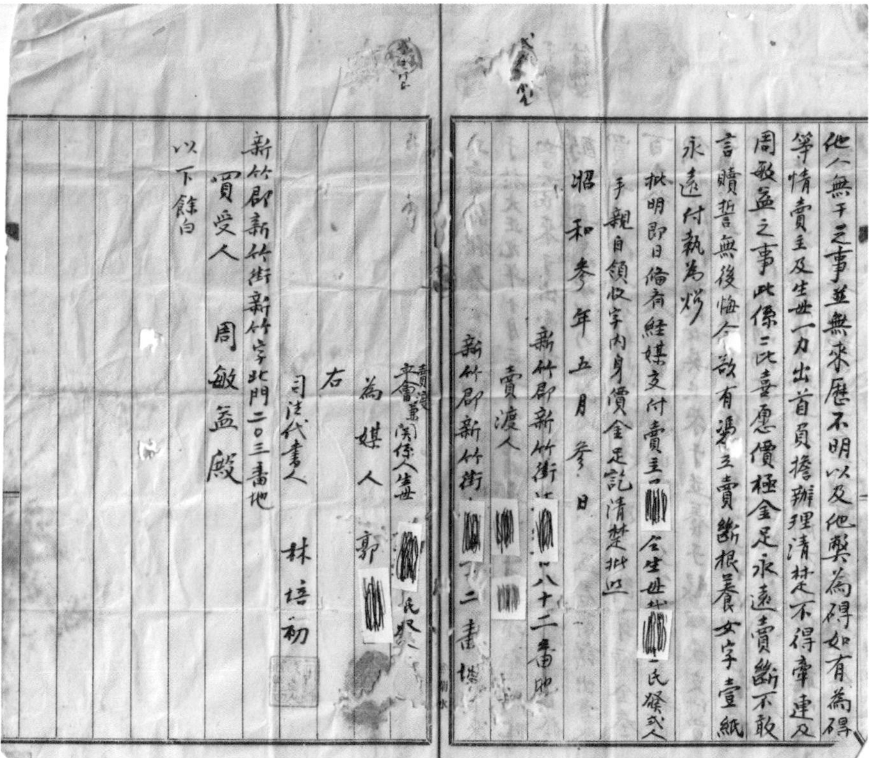
他人無干之事並無來歷不明以及他契爲碍如有爲碍
等情賣主及生母一力出首負擔辦理清楚不得牽連及
周敏益之事此係二比喜愿價極金足永遠賣斷不敢
言贖誓無後悔今欲有憑立賣斷根養女字壹紙
永遠付執爲炤
批明即日倫有經媒支付賣主[redacted]仝生母[redacted]氏發弍人
手親自領收字內身價金足訖清楚批炤
昭和參年五月參日
新竹郡新竹街[redacted]八十二番地
賣渡人 [redacted]
新竹郡新竹街[redacted]二番地
立會人 關係人生母[redacted]氏
爲媒人 郭[redacted]
右 司法代書人 林培初
新竹郡新竹街新竹字北門二〇三番地
買受人 周敏益 殿
以下餘白

輯三

傳奇不滅

第十六章

第一位臺籍上將

陳澤粟離開李春生自行創業時選擇開設火炭行，供應給茶廠作烘茶用的木炭，這是因為陳澤粟的元配就是福建南安楊記火炭行的女兒楊富娟。既然女婿要創業，岳父就派老師傅來臺灣指導製炭的工藝，因為有這樣的技術指導，使得陳澤粟所製造及販賣之木炭特別適合製茶使用。而因為相思樹材是製作炭火的最佳原料，所以陳澤粟也經營木柴業。

在事業一帆風順之際，比較令人煩惱的是，和元配結婚後數年還是無法生育。在那個極為重視傳宗接代的年代，這是個很嚴重的問題，所以在一八七〇年之後的數年之間，陳澤粟夫婦陸續收養了四房男孩。算起來陳澤粟共有七房男孩，但排序較後的老五、老六及老七才是陳澤粟和二房鄭含笑所親生。

排序上，陳天來排行老二，是二房，而原先收養的三男陳天成早逝，陳澤粟夫婦又收養陳天吞成為繼三男，排序上還是三房。陳澤粟過世後，七房兄弟決定分家，將家產平均分成七份，並用抽籤方式分配。因為陳澤粟事業發達後曾經回到福建南安老家購置產業，所以福建老家的產業也獨立成一份。抽籤的結果陳天吞抽到福建老家那一份產業，所以陳天吞就帶領三房的全部子孫舉家遷回到福建南安，其餘六房的子孫則留在臺灣。

陳天吞就是臺灣第一位臺籍上將陳守山的祖父。因為陳天吞的三房子孫全部隨同遷居回福建，一九二一年出生的陳守山在十歲時就由原先就讀的臺北太平公學校轉學到福建南安蓮潭小學就讀，中學到廈門讀同文中學，後來到江西瑞金讀中央軍校第三分校。以陸軍官校期別論，算是黃埔第十六期。陳守山從軍校畢業後被分派到福建保安第三團，參加了著名的福清戰役。福清戰役是二戰時期發生在福建的少數重大戰役，日本為了完全控制福州港以確保臺灣與福建之間的航線安全而對福州周邊進行攻擊，但卻想不到在福州南邊的福清市遭到中國軍隊強烈回擊而功敗垂成，陳守山在此戰役中立下戰功，不過腿部也因而負傷。

一九四五年十月陳守山搭美軍軍艦來臺灣任職臺灣警備司令部。二二八事變時，陳守山看到逮捕名單上有堂叔陳清汾的名字，當時外省人及本省人涇渭分明，沒有人會想到在中國大陸讀軍校的陳守山居然在臺灣還有親戚。陳守山主動請纓帶隊前往逮捕陳清汾，但他卻透過管道事先讓陳清汾得知要逮捕他的訊息，自然前往逮捕時就沒有逮到人。從這件事情也可以看得出來，二二八事件時期政府拘捕的臺灣社會精英很多都是無辜的，只是一時的政治因素考量才大肆逮捕，作為鎮壓之手段。如果陳清汾真的有犯法，不可能三年後還被邀請擔任臺灣省政府委員。是知情的陳守山賭上自己的安危，暗中出手相救堂叔。

幾十年前的分家抽籤，不只讓在臺灣出生的陳守山有機會在中國大陸讀軍校，並且在後來成為第一位臺籍上將，也讓陳清汾在二二八事件中逃過一劫，算是亂世中的離奇。

陳守山和太太黃淑女結婚時還是尉級軍官，那時候軍人待遇不高，陳守山那一房的產業又都在福建，在臺灣沒有氣派的地方舉辦婚禮。陳天來的太太林金英就答應將錦記茶行豪華的洋房借給陳守山作為婚禮的場所以壯聲勢，婚禮也由林金英主持。婚後陳守山夫妻曾一起回到福建南安省親祭祖，但不久之後中國大陸淪陷，陳守山所屬三房的產業就被迫留在南安帶不走。當年分家時陳天吞因為抽到福建南安故里的產業而舉家遷回南安，等到子孫因為中國大陸淪陷而遷到臺灣時，當年所抽到的產業也一夕化為烏有，到底是籤運還是時代的悲劇也很難去辨別了。

一九七一年中華民國退出聯合國之後，蔣經國開始進行被戲稱為「吹臺青」的政策，提拔經過他篩選過的本省籍人士出任政府要員，但在軍中擔任重要職務的臺籍人士還是罕見。一九七九年年底高雄發生美麗島事件，讓蔣經國體會到民主化及本土化已經是不可逆的潮流。另一方面也是為了改善民眾對警備總部的形象，於是在一九八一年底任命陳守山擔任警備總司令，是第一位升任上將職位的臺籍人士。之後陳守山當了八年的總司令，是歷任警備總司令任期最長的。

臺灣在兩蔣時代，公務機關有一個陳年的惡習，公務員為了升遷或派系爭權等問題，經常匿名寫黑函打擊異己，或者設計陷害與自己的升遷有利害關係的同仁或長官。陳寶釵二女婿陳源長也常有這樣的困擾，尤其是他擔任林務局宜蘭太平山管理處長期間，因為是主管職務，黑函攻擊也特別多。太太周婉孌看在眼裡，心裡覺得不忍也不公平。適逢表哥陳守山升任警備總司令，就安排陳守山夫婦一起到太平山遊玩並由陳源長接待，此舉也讓林務局上上下下都知道陳守山與周婉孌及陳源長的關係。據說這招甚為有效，從此之後，陳源長再也沒有黑函纏身的困擾。

陳寶釵與陳守山合影。陳守山家人在中國大陸淪陷後，全家搬到臺灣，居住在新竹湖口，陳守山母親與住新竹的陳寶釵時有往來。

前排由左至右為黃淑女（陳守山的夫人）、陳守山、王淑儀（陳清汾的夫人）、周婉鑾。後排自左至右為周宗武、江滿足（周宗正的夫人）、陳源長（周婉鑾的先生）、陳淑蕙（陳清波的女兒）、顏惠然（陳淑蕙的先生）、歐小姐、周宗正。

第十七章
天皇的同學

日本第一百二十五代天皇明仁在二〇一九年四月底退位，二〇一八年的春日，他進行退位前的最後訪問，來到了沖繩縣，於三月二十八日生平第一次登上與那國島。與那國島距離臺灣只有一百一十公里遠，是日本最西端的領土，天氣晴朗時可以看到臺灣。明仁造訪該島時曾經向臺灣方向遙望許久，雖然因為天氣關係沒有能夠看到臺灣，但表情上充滿關切之意。

在明仁天皇與那國島之行的報導中，媒體也引述明仁在學習院初等科的同學，也是日本第七代臺灣總督明石元二郎之孫的明石元紹的談話，透露明仁對於臺灣的關切其實還包含私人的情誼。明仁就讀學習院初等科時，同班有一位來自臺灣很要好的同學，在二次大戰的末期，兩個人還曾經一起疏散到奧日光直到戰爭結束。明石元紹還特別提到二〇一七年三月，明仁天皇在東京的霞會館和二十四位學習院的同學舉行同學會，天皇還特別向這位同學問起臺灣的情況以及臺灣人對日本人的感受。

明仁天皇的這位臺灣同學，就是陳天來的孫子陳守實。

陳守實是陳天來三子陳清波的兒子，陳清波另外兩個兒子陳守毅及陳守信也曾就讀學習院初等科。學習院是特別設立作為日本貴族子弟就讀的學校，在日治時期，臺灣前後一共有九位進入學習院讀書的學生，錦記陳家就有三位，由此可見錦記陳家當時家勢之盛。

陳守實能夠和當時的明仁太子同班一起讀書是經過安排的，為此陳守實還重讀了一年級。他也是同班同學中唯一的臺灣人，這件事情當時在臺灣造成轟動，一位殖民地的小孩竟然能和日本天皇的太子同班讀書。雖然說能夠有這個機會是源自於日本在臺灣實施皇民化政策的影響，但能夠和天皇當同學是極為珍貴的機遇，這也成為陳守實這一輩子難得的幸運與奇緣。

也許是對臺灣的好奇，也許是對陳守實個人特質的喜愛，明仁在學生時代和陳守實非常要好。依照皇室規定，太子每個月可以邀請一位同學到皇居遊玩，陳守實就有好幾次成為太子邀請的對象。

一九五九年，當時的明仁太子娶平民之女正田美智子時，陳守實在臺灣收到了參加日本皇家婚宴的邀請函。當時臺灣是戒嚴時期，出國的管制非常嚴格，一般人出國都要經過申請及審查，非有正當理由不能輕易出國。陳守實收到請帖後，就以參加日本皇太子婚禮作為理由向外交部提出前往日本的申請。外交部收到申請文件後嚇了一跳，經過向日本大使館查證，才確知陳守實真的是明仁太子的小學同學。

明仁太子打破千年慣例，娶平民之女為太子妃，確實需要極大的勇氣與智慧。二次大戰之後日本取消了華族（貴族）制度，也不再有貴族爵位的繼承，如果皇室成員不能娶平民為妻，日後一定會產生問題，明仁娶美智子確實開創了皇室婚姻的格局。不過皇宮中禮數規範繁雜、限制很多，與平民生活的自由自在落差很大。美智子太子妃有一段時間患上生活不適應症，必須居家療養，辭去一切公務活動。

陳守實於一九九〇年在同學會和小學同學日本明仁天皇寒喧的照片。

陳守實和明仁天皇在同學會上的合照。一八八九年昭和天皇駕崩，一九九〇年時明仁已經是天皇身分（陳守實提供）。

陳守實的夫人辜麗卿（銀行家辜濂松之妹）得知此事後，特別親自設計製作一個女性貼身用皮包，在皮包上縫上具有祈福象徵的飾品送給美智子太子妃，祝福她早日康復。

多年後陳守實的大女兒陳保菁在日本早稻田大學畢業時，已經成為皇后的美智子在畢業典禮那天特別邀請辜麗卿及陳保菁到皇居喝下午茶。據說那天美智子皇后刻意帶著辜麗卿當年送她的祈福包出席，辜麗卿還注意到該皮包有被多次使用過的痕跡，可見皇后美智子不是只有把這個祈福包當作單純的禮物，而是真的有在使用。尤其在和辜麗卿見面時還刻意帶著送給她的祈福皮包，這個體貼的舉動讓辜麗卿和陳守實夫婦覺得非常感動與窩心。

第十八章
中國茶王與錦記茶行的相遇

錦記茶行是臺灣茶業界的巨擘，分店遍及印尼、新加坡、廈門、上海、滿洲國，而有中國茶葉之王稱號的唐季珊和錦記陳家也有一段很長的淵源。

一九三五年十月十日到十一月二十八日總共五十天，臺灣總督府為了紀念統治臺灣四十週年，舉辦了「臺灣博覽會」。擔任臺北茶業公會理事長的陳天來特別爭取在臺北大稻埕設立茶業相關的展覽會所，藉以推廣臺灣茶葉給來參觀的國際人士及臺灣民眾。上海茶葉大王唐季珊也率領中國茶業同業來臺參觀，並拜訪陳天來理事長。

就在半年前的一九三五年三月，和唐季珊同居的上海影壇巨星阮玲玉自殺身亡，新聞鬧得沸沸揚揚，連阮玲玉的遺書是否偽造都成為無頭公案。阮玲玉的喪禮有三十萬人參加，送葬隊伍長達五公里，《紐約時報》還曾報導說這是「本世紀最盛大的喪禮」。唐季珊身為這樣轟動新聞的主人翁，必然會引起大家的極度好奇。當唐季珊來錦記茶行拜訪時，引起陳家上下女性的一陣騷動，爭相一睹這位風流新聞人物的風采。

陳天來三子陳清波曾到過廈門讀書，北京話流利，所以負責接待與翻譯。事後陳清波也一直讚許唐季珊真是一表人才，有英國紳士的派頭。唐季珊來訪時有一段插曲，他在和陳家會談時很自然地拿出香菸來抽，因為當時臺灣抽菸的習慣是隨手將菸灰抖落到地上，陳家會客室也沒有準備菸灰缸。唐季珊眼見無處可以彈菸灰卻又不願讓菸灰掉落弄髒地面，就很從容地將菸灰直接抖入西裝上衣的胸前口袋內，這一個舉動讓主人家羞得趕緊叫人拿裝菸灰的容器讓唐季珊抖菸灰。

這一次的見面讓陳家的人見識到唐季珊的英國紳士風度，而之後因為國共內戰帶來的局勢變化，也因緣際會讓錦記茶行的陳家增廣了國際視野。一九四九年中國大陸淪陷，唐季珊輾轉從香港來臺，但已經失去了中國大陸的商業舞臺。這時陳天來已過世，錦記茶行由陳清汾當家，唐季珊及夫人就在錦記茶行製茶工廠的辦公室內租了一個角落，以四張辦公桌的規模成立了華茶標準貿易公司。由於他手上仍掌握有世界各地當年在上海買茶的客戶名單，他的華茶公司就和錦記合作，在接到國外茶葉訂單後請錦記協助製茶，由華茶公司出口販賣。

唐季珊一直以來都是以綠茶出口為大宗，和臺灣原本以包種茶及烏龍茶外銷為主的路線不同。跟隨他來臺的有兩位溫姓及曹姓的製茶專家，錦記茶行因為和唐氏合作的關係，從這兩位製茶師傅身上學到了不少中國大陸的製茶工藝。錦記之前的客戶都是以中國、海外僑界及日本勢力範圍的國家為主，在和唐氏合作期間，臺灣綠茶興起，出口摩洛哥、中東、非洲等國，頗有斬獲。

陳寶釵的大兒子周聖徵從臺大農學院園藝系畢業後曾經到農林公司的茶園服務兩年，之後就被叫到四舅陳清汾當家的錦記茶行上班。周聖徵精通中日英語，錦記的對外貿易及文書都由他處理。因為工作的關係和唐季珊多所接觸，也學到很多茶業及國際貿易的技巧。

唐季珊留英，當時的夫人王右家留美，兩個人的英文都很流利。周聖徵說到，他們夫妻兩個人感情不好經常吵架，為了維護顏面不讓屬下知道吵架的內容，吵架時都用英文互嗆。旁邊的人只能從表情及聲調知道他們在吵架，但都不知道吵什麼內容、用什麼字句。周聖徵是錦記辦公室裡面英文最好的，兩個中國人用英文吵架還是第一次看到，唐氏夫婦算是讓他開了眼界。

二戰後，臺灣茶葉失去了中國大陸市場，錫蘭、印度等地的茶葉興起，東南亞茶葉市場也漸漸被當地自產所取代，臺灣茶葉基本上是在走下坡，唐季珊帶來的綠茶生意也沒有太久的榮景。綠茶生意無以為繼後，唐季珊轉行改作養雞養蛋場，不幸受合夥人欺騙又遇到雞瘟，從此一蹶不振。

晚年的唐季珊非常不如意，曾有相識之人見到他穿著舊西裝在延平北路的街邊麵攤吃麵，不遠處就可以看到臺北仙樂斯舞廳的霓虹燈閃爍著。一九三〇年代唐季珊在上海叱吒風雲時，聽說他一進入舞廳，樂隊馬上改奏探戈舞曲，直到熄燈。因為唐氏喜愛跳探戈，小費給得非常大方，他邀請來跳舞的女星們經常被他的排場所震懾。晚年在麵攤上吃麵的唐季珊，如果看到不遠處仙樂斯舞廳的霓虹燈，真不知他會作何感想。中國大陸淪陷改變了很多人的命運，有的挺住了，有的就隨時代變遷，如落葉般隨風飄零。

唐季珊離開錦記的時候，也是臺灣茶葉外銷逐漸沒落之時。錦記茶行收攤後，周聖徵找了表哥陳守毅（三舅陳清波的兒子），藉著他們兩個人優越的日文能力，借用錦記茶行的一個角落開起了中日物產公司。這個空間及辦公桌，正是唐季珊之前所使用的。

周聖徵在錦記茶行角落開設中日物產公司時的辦公照片。這個角落以及這幾張桌子也正是唐季珊向錦記茶行借為茶業經營之用的地方（周友達提供）。

第十九章 娘家的回饋

錦記茶行與周益記的關係可以說是既複雜又親密。

陳寶釵在二戰後，親情上喪失了丈夫周敏益，經濟上遭受了臺幣四萬元換一元、三七五減租、耕者有其田、繳交巨額遺產稅等事件，財富、收入大幅縮水，孩子們也逐漸長大，必須上臺北求學。陳寶釵想起娘家母親的遺言：「釵啊，永遠在我們陳家有雙筷子。」於是安排了讀臺大的大兒子周聖徵住進中山北路的三哥陳清波家，三兒子周宗正則在小學畢業後就住進迪化街的大姊陳寶珠家。

至於三個女兒，在中學畢業後，均陸續輪流安排住在弟弟陳清汾家中學習西式禮儀。陳清汾因為向有島生馬習畫，往來都是日本的貴族豪門，留學法國時又學得西洋禮儀，周家女兒們從四舅那邊學到很多一般人無法學得的上流社會生活禮儀及西洋生活情調。周家么子周宗武就記得從姊姊們那邊輾轉學到剝水煮蛋時不能夠以蛋敲擊桌面來碎殼，而必須要將熟雞蛋放在擊蛋容器上以小湯匙在蛋殼上敲擊出裂痕後再剝蛋殼挖食。這個當年在臺灣一般人較少知道的剝蛋程序看似繁文縟節，卻也是西洋上流社會用餐的禮節及品味。

陳寶釵和三兒子周宗正合照。後有陳寶釵年輕時最喜歡彈奏，也最寶貝的風琴。

除了跟隨陳清汾學習禮儀，周家女兒們也被安排去登麗美補習班上課，這個補習班是當時未婚女性盛行於婚嫁前學習女紅、烹飪的新娘學校。陳清汾擔任臺灣省政府委員也擔任茶業公會理事長，很多應酬的場合也都帶著周家三位漂亮的女孩子去見世面。

周家子女住在娘家親戚的家中，親戚們均慷慨幫忙、分文不取，回饋當年周家的救急之情。

大女兒周婉卿住在四舅陳清汾家，其間經常和住在錦記外祖母家的表兄弟姊妹一起遊玩，結果和大舅陳清素在印尼出生的表哥陳守文相互愛慕而產生戀情。雖然是表兄妹戀愛，但在一九五〇年代民風保守，男女約會時女方必須有他人陪伴不能單獨相處。周婉卿住在四舅家，周婉卿的女伴不二人選就是四舅還在讀幼稚園的女兒陳淑瑜。當電燈泡的陳淑瑜後來說，大表哥和大表姊在中山北路一直走來走去，有講不完的話，她一個人總是覺得又累又無聊。那為什麼每次都還是答應出去呢？就是因為每次他們都請她吃她最喜歡的美味冰淇淋，不然在中山北路來回走七次，實在令人吃不消。

由於大舅陳清素是養子，所以陳守文及周婉卿沒有近親血緣上的顧忌，但陳寶釵其實並不贊成這件婚事。她告訴周婉卿說她才脫離人多口雜的錦記大家族，怎麼周婉卿又跳進去。周婉卿說陳守文在印尼已經有工作等他，他們婚後會離開臺北前往印尼生活，請母親看在她一向聽從母言、幫助家裡，就這一次婚姻請母親大人認同祝福。

在父親周敏益癌末的最後一年，由於非常痛苦，幾乎天天要打麻醉止痛，這工作都由細心溫順的周婉卿負責。父親瘦到手臂無肉，打起針來異常困難，稍有不慎就會非常痛，也因此常被病父斥責。但乖順的周婉卿忍下一切，負責為父親打針及護理照料的工作，直到父親病故之後，母親才答應這門婚事。答應婚事後，周婉卿特別邀請陳守文拜訪新竹周家，並安排么弟周宗武和隔壁鄰居一位男孩二重唱〈我的家庭〉等名曲，示願組家庭之意。周婉卿除親自以風琴伴奏外，也表演了數首古典名曲，給了表哥溫暖的歡迎接待。隔年，他們就結婚移民印尼去了。

嫁給表哥陳守文八年後，周婉卿的大哥周聖徵娶了陳守文的么妹陳淑圓，也就是說周婉卿夫家的小姑變成了自己周家的大嫂，正是所謂「姑換嫂」。對陳淑圓來說姑姑陳寶釵變成了婆婆，對陳寶釵來說，錦記娘家娶走了周益記夫家的大女兒，換回來娘家大哥的女兒作媳婦，這應該也算是娘家的一種回饋吧。

陳寶釵和弟弟陳清汾感情特別好，周家男孩出外讀書工作、女孩們出嫁之後，家中就只剩下么子周宗武。但陳寶釵經常上臺北到陳清汾家度假，一住就是兩、三個星期，這時候占地數百坪偌大的周益記洋樓，就由讀中學的周宗武稱霸。雖然說家中有一、兩個傭人可以差遣，但一個中學生守著一棟大洋房，心情上也難免寂寞，所以周宗武經常邀同學們來玩。沒有大人們的約束、空間大，又有乒乓球桌等一般人家少見的遊樂器具，所以同學們也特別喜歡到周家來玩。周宗武回想起這一段青春歲月，是一種既孤獨又自由的感覺。

周家三姊妹遺傳自父母，外貌頗為亮眼。後排右邊為大女兒周婉卿，左邊為二女兒周婉孌，前排坐著的是三女兒周婉鐶。三個人在結婚前都分別到過臺北借住四舅陳清汾家中，除了由活躍在政商界的陳清汾帶著見見世面，也到當時流行的新娘學校學習禮儀及女紅。

一九九三年時周婉卿及夫婿陳守文在印尼和子女及女婿媳婦們的合照（陳麗娜提供）。

周婉孌結婚時是由當時的臺北市長高玉樹證婚（右一）。高玉樹和陳清汾私交非常好，高玉樹擔任臺北市改制院轄市之後的第一任市長，任內曾邀聘陳清汾擔任臺北市銀行常務董事及改制後第一屆臺北市體育會理事長等要職。

周婉卿與陳守文結婚之家族合照。拍攝地點為錦記茶行三樓的公媽廳。

第二十章
自由戀愛的衝擊

承繼了陳寶釵的美貌，她的三個女兒外型都頗為亮麗，而她們三個人的婚事也反映了當時臺灣社會時代變遷的場景。

以陳寶釵的成長歷程及自身的經驗，男女婚嫁經由媒妁之言達成是當然的道理，尤其陳寶釵的娘家及婆家都是富甲一方的大戶人家，所以在她的觀念中，女兒經由家長安排介紹才出嫁是天經地義的事，不應該受到挑戰。但是大女兒周婉卿是透過自由戀愛而結婚的這件事讓她醒覺，女兒皆已屆婚姻年齡，應當要有所安排，以避免再來一次措手不及的自由戀愛婚事。

二女兒周婉孌只差大姊周婉卿一歲，在大女兒出嫁之後，陳寶釵立刻去臺北找陳清汾商量要安排周婉孌的婚事。周婉孌對陳寶釵說她擇偶條件簡單，一要臺大畢業，二要脾氣好，三要個子比她高。最後經媒人介紹了一位嘉義名醫的長子陳源長，臺大森林系畢業，是位英俊挺拔、面帶笑容的男士。經半年交往後，順利成親，並由舅舅陳清汾的好友，也是當時的臺北市長高玉樹證婚。

臺灣在二戰之後，西風漸進，尤其美國人的文化藉由電影、音樂、小說，透過美軍駐臺人員、外國教會人士、報章雜誌介紹等，如潮水般地帶來影響，熱情、開放、男女平權、婚姻自主的氛圍也逐漸改變臺灣年輕世代的觀念。

周婉鐶是周家三女兒，個性外向、陽光，還是位運動健將。她就讀新竹女中時參加縣運會所創下的女子六十公尺短跑紀錄，曾經保持了十多年才被後來得到奧運銅牌的世界級短跑名將紀政所打破。

有別於周家子女喜愛打乒乓球的傳統，周婉鐶喜愛打網球，也因此認識了很會打網球的陳鍾祥。當時陳鍾祥是空軍飛行軍官，駐守在新竹空軍基地，兩人一見鍾情，進而交往熟悉。但當他們談及婚事時，陳寶釵簡直如青天霹靂、完全無法接受，並曾經請來陳清汾及眾多親友幫忙勸阻。

陳寶釵之所以反對這一段婚事，除了是對自由戀愛的疑慮之外，最大的考量還是為了女兒的幸福著想，不想讓女兒有守寡的可能。因為先生周敏益英年早逝，陳寶釵在中年就喪偶守寡，深知家中沒有男人而單靠一個女人持家的辛苦。而一九五〇年代後期不但有金門炮戰、馬祖海戰，兩岸戰機在海峽上空還發生多次空戰。雖然打下米格戰機有厚重的黃金獎賞，但相對地也可能被共機打下來而犧牲性命。如果被選派為黑貓大隊成員，還要飛行U2偵查機深入中國大陸偵測共軍基地及各種軍事設施，U2失事被擊落之事也時有所聞。

空軍飛行員待遇好，個個身體健壯、外型帥氣，是女孩們仰慕的對象，但並無法受陳寶釵青睞。她很坦白地跟女兒說，妳怎麼可以嫁給有高生命風險的人家，新竹有不少空軍寡婦獨守空閨，妳不怕嗎？但周婉鐶鐵了心一定要嫁給陳鍾祥。母女談判數十回，最後陳寶釵生氣了，對周婉鐶說：「如果妳一定要嫁，那就永遠不准妳再踏進周家大門。」

在親情和愛情之間，周婉鐶選擇了愛情。結婚三年後，陳寶釵在新竹最好的朋友周小兒科周夫人帶著周婉鐶和孫女回到周家，請母親接受周周婉鐶捧花照。周婉鐶年輕時追求者如過江之鯽。周宗武讀初中時周婉鐶就讀新竹女中，經常有高中男生塞情書給周宗武，要求轉交周婉鐶。

陳鍾祥戎裝照英俊挺拔，和周婉鐶真是天造地設的一對。

周婉鐶結婚照（陳維娜提供）。

婉鐶的婚姻，但陳寶釵當時還在氣頭上，婉拒女兒的回歸。後來陳鍾祥在四十五歲時提早從空軍退休，轉職到中華航空公司擔任國際航班正駕駛，待遇優厚，已經沒有了擔任軍職時期的高工作風險，再加上夫妻感情良好、家庭和樂，陳寶釵才漸漸釋懷。在大兒子周聖徵的安排下，陳寶釵終於接受了女兒的婚姻，讓周婉鐶參加她七十歲生日壽典，上演了家族大和解的喜劇。

陳寶釵三個女兒的婚姻結局都是夫妻和樂、幸福美滿，但不同的結婚過程也剛好反映了臺灣社會變遷的背景。

周宗武在周婉鐶婚後到他們夫妻在空軍眷村所居住的宿舍中拜訪。在陳寶釵還沒有原諒周婉鐶婚事的這幾十年期間，其他兄弟姊妹還是私下和周婉鐶時有往來。陳寶釵離開新竹去臺北陳清汾家中居住時，其他兄弟也會邀周婉鐶及其女兒來周益記老宅遊玩。

陳鍾祥從空中退役後擔任華航國際航線747客機的機師。因為駕駛民航機待遇好而且沒有開戰鬥機的危險性，陳寶釵才逐漸釋懷而認可了周婉鐶的婚姻（陳維平提供）。

周婉鐶和夫婿陳鍾祥夫唱婦隨，兩人持續維持共同的網球愛好。

第二十一章
乒乓球的世界

大稻埕貴德街上錦記茶行洋樓一方面用作茶行營業用，一方面也是住家，這是當時很多迪化街商行的典型設計。比較特別的是洋樓的北側原來有一大片錦記茶行的茶葉工廠，工廠當中擺設有乒乓球桌。陳天來子孫們在茶行休工時，常常會去打乒乓球玩樂。陳寶釵未出嫁前，就會打一手好球。嫁到新竹周家後，體貼的丈夫周敏益特別購置一臺桌球桌放在周益記洋房的二樓長廊上，供夫妻二人運動打球之用。一九三〇年代的新竹民風還很純樸，幾乎看不到夫妻一起從事運動的場景。「臺北來的新娘會和丈夫一起打乒乓球」，就在當時的新竹北門街上傳開，也算是鄉里之間傳揚一時的八卦新聞之一。

因為周家洋房有乒乓球桌，父母也會帶著小孩子打，所以周家的小孩也都很會打乒乓球，其中曾經出了一位在一九六〇年代的冠軍選手及世

周益記二樓擺設有桌球桌，周宗武經常帶同學來家中打球娛樂，同學們也非常樂意來。因為哥哥們都離家北上，姊姊們都出嫁，母親陳寶釵常常到舅舅陳清汾家中長住，中學時代的周宗武經常成為周益記洋樓的霸主。

因為家中就擺設桌球桌，除了二哥周麟徵後來成為桌球國手之外，周家子女個個都是桌球高手。圖為幼子周宗武（前排右二），小學就是桌球校隊，還拿冠軍。最後一排左二是高梓校長。

界級的職業桌球表演賽知名人物周麟徵。

周麟徵是陳寶釵的二兒子，從小就喜愛桌球，經常在學校比賽中得冠軍。一九五三年十九歲的那一年，周麟徵本來上臺北是要到舅舅陳清汾家玩，順便就報名參加第二屆亞洲盃桌球賽的國內選拔賽。因為是抱著玩樂的輕鬆心情，連上場時也沒有穿桌球短褲而是穿著時髦的長褲，結果竟獲得選拔賽冠軍，並獲選為國家代表隊隊長。

後來周麟徵獲得全省冠軍，參加中日韓三國桌球比賽又獲亞軍，在一九六一年赴日參加表演賽中，還打敗當時的日本冠軍星野展彌及前世界冠軍荻村伊智朗。因為這次比賽的傲人成績，周麟徵因而聲名大噪，在一九六二年獲得英國籍的世界職業桌球會長、曾獲七枚世界桌球錦標賽金牌的理察・伯格曼（Richard Bergmann）邀請參加第二屆職業桌球巡迴賽。在澳洲雪梨獲得中、英、日、美、越、印度六國職業對抗賽單循環賽冠軍，在馬尼拉又獲得冠軍及價值一萬臺幣的大獎盃。周麟徵獲得冠軍這件事在當時的僑界造成轟動，當時菲律賓的華僑爭相以鉅資要購買這個大獎盃，都被周麟徵拒絕。

周麟徵在菲律賓贏得世界桌球職業賽冠軍，華僑爭相以高價搶購冠軍盃，但周麟徵都沒有賣出（周麟徵提供）。

因為這些國際賽事的成就，一九六二年底周麟徵和理察·伯格曼一起受邀與美國哈林職業籃球隊簽約，開始在美國進行全國性的巡迴表演。眾所皆知，哈林籃球隊是以娛樂為主的花式籃球隊，隊員們比賽時不在求取比賽勝利，而是透過球員充滿喜感的特殊籃球技巧，製造比賽過程中的笑料以博取觀眾的歡笑和讚賞，所以算起來比較算是表演而不是真正的比賽。

伯格曼和周麟徵兩人在哈林隊中的角色也不是要獲得比賽勝利，而是在展現高超的乒乓球技。伯格曼曾經四次獲得世界業餘賽冠軍，以防守見長，號稱「世界之壁」，可以擋下最刁鑽的攻擊球。周麟徵則以快攻見長，有「世界最快的攻擊者」外號，攻擊的力道及速度會令對手難以招架。兩人通常是在籃球賽的中場休息時表演乒乓球。在正常的比賽中，一定是找對方選手的弱點攻擊，以出其不意的方式將球打到對方難以招架的地方以獲取分數。但表演時因為事先套好招，都知道對方會用何種打法把球打到何處，所以再遠的球都可回打，再短的球都可以救回。兩個人的打球姿勢又極具可看性，只見球跑來跑去看起來險象環生，卻怎麼打都打不死，看得觀眾如癡如醉、驚訝無比。

在哈林隊的隨隊表演待遇非常優渥，當時周麟徵的週薪是美金一百元，以當時匯率換算成臺幣，相當於一般中學教員半年的薪水。打球表演一個星期就賺了教員半年的薪水，在那個年代的臺灣運動選手中，算是絕無僅有。

周麟徵在當時也算是「桌球外交大使」。他表演時堅持穿著繡有中華民國國旗的球衣出場，而且在桌球桌旁一定要擺放國旗，這個舉動感動了無數的華僑。但也因為這種堅持，讓周麟徵的表演生涯受到一些阻擾。當時是冷戰時代，民主國家和共產國家壁壘分明，東歐地區都是蘇聯的附庸國家，和同屬共產集團的中共交好，自然排斥中華民國。周麟徵曾經在哈林隊前往東歐共產國家表演時受到這些國家拒絕而無法隨隊前往，因而滯留在德國數個月並短期受聘擔任西德桌球協會的教練。

不過在前往中南美洲表演時，則獲得當地僑胞的熱烈歡迎。有僑胞見到周麟徵年輕英俊又未婚，還主動介紹當地美女給周麟徵認識，算是他桌球生涯中意外的豔遇。到宏都拉斯時，因為宏國總統桌球打得不錯，特意找周麟徵打友誼賽，賽前我國外交部大使館人員特別叮囑他要假裝輸球，千萬不能贏球。周麟徵隨哈林隊到各地表演，早已練就了一身表演的技巧，雖然輸球但不會讓對方覺得是放水。比賽結果當然是宏都拉斯總統贏球，而因為總統一點都沒有被放水的感覺，認為是憑實力獲勝，因此特別高興。周麟徵後來講起這場球賽，都說那是一場為外交輸球的乒乓比賽。

之後周麟徵又在一九六六及一九六七年應哈林隊之邀前往隨隊表演，其間也曾經受英國及南美洲的邀請擔任教練並在國際間到處比賽。一九六八年他結束南美洲教練職務後回到國內，長期致力於桌球事務，並曾經擔任臺北市桌球協會總幹事及中華民國桌球協會秘書長共計二十八年。

周麟徵從十九歲獲得全省冠軍進入桌球世界後，參加亞洲、世界性比賽，歐美、南美洲的表演賽及國內外教練工作，約二十年之後才結婚，並開設旅行社及桌球用品社。他在桌球界的成就帶給了周家不少的榮耀，並奠定了他自己在臺灣桌球界的地位。說起來這些成就的起源都是拜周敏益為了疼愛陳寶釵所購買的桌球桌之賜。

周麟徵比賽時一定穿著有國旗的運動服，並在桌球檯旁邊掛上國旗（周麟徵提供）。

周麟徵和哈林籃球隊員合影（周麟徵提供）。

周麟徵在旅行社的辦公室和來訪的四弟周宗武、三弟周宗正合影。左為周麟徵，中為周宗武，右為周宗正。周宗正為珠寶商，曾在臺北市中山北路中央酒店（現已改建大樓）及圓山飯店B1設有龍華珠寶店（周麟徵提供）。

周麟徵年輕時為了桌球比賽，長年在國外征戰，回臺灣後開了體育用品店和旅行社，曾經幫忙安排周家的兄弟姊妹共同出遊。除了大哥周聖徵因為身體不適無法成行之外，其他六人全部到齊，同遊美國，留下美好的回憶（周麟徵提供）。

自從二姊夫過世後，三個弟弟每週二中午都會陪二姊周婉孌吃飯，已維持十幾年。右二戴墨鏡者為陳淑玲，回臺時也會來聚餐。

第二十二章
清水二孀的一代傳奇

錦記茶行創辦人陳天來於一九三九年年底過世，陳家茶行事業也隨之衰弱。二次大戰的全面爆發使得臺茶外銷這項錦記茶行最重要的生意及收入來源幾乎停擺。接下來更不幸的是，錦記陳家第二代清字輩的生意能手在一九三九到一九五一年的十二年間一一凋零（陳清波一九四四年、陳清素一九四八年、陳清秀一九五一年），只剩下曾經留學法國學畫、從事繪畫藝術工作的老么陳清汾。陳清汾有高強的藝術天分，早年悠遊在繪畫藝術的領域，並未涉入經營陳家事業。但隨著兄長陸續過世，這位當年臺日聞名的藝術家也只好抛掉畫筆，獨挑大梁接掌家族事業，試圖撐起陳家的一片天。可惜世界茶葉市場的大環境已經有重大改變，在二戰之後，臺灣的茶業風光地位逐漸由印度、錫蘭取代。

還好戰後的頭十年，陳家靠永樂戲院、第一劇場以及蓬萊閣餐廳的生意還算撐起場面。永樂戲院因為顧正秋帶領的顧劇團長達五年的公演，幾乎是場場滿座。位於延平北路的第一劇場是當時臺灣最大的綜合性娛樂場所，位處當時臺北最繁華的太平町，在西門町的電影街還沒有興起之前，也曾經有一段榮景，帶給陳家穩定的現金流。

蓬萊閣餐廳從日治時期就是臺灣最高級的餐廳之一，手藝不凡的廚師提供風味絕佳的臺灣料理，大廳可供婚宴喜慶及大型聚會，各個包廂則可召藝伎陪侍。但隨著國民政府撤退來臺的許多名廚紛紛開設各式外省口味的餐廳，這些餐廳更容易受到以外省人為主的政界人士青睞。而逐漸興起的酒家如東雲閣、五月花、黑美人，也在某些方面取代蓬萊閣的角色。種種因素讓蓬萊閣的營運無以為繼，在一九五七年就賣給徐傍興醫師，開設多達兩百張病床數的徐外科醫院。

大致而言，二戰之後因為時代環境的變遷，錦記陳家的家族事業已經到了需要重新整理的地步，再加上子孫逐漸長大後不得不分家。第三代守字輩的子孫眾多，男孫就有近二十位，孫女也有十五位（陳家以天清守

陳清波（右立者）在蓬萊閣大門前。

信排輩，守字輩的孫女則以淑字命名），分家後財產分散。守字輩的子孫到就業年齡時，已經無法依靠家族企業的挹注，只能各自努力。雖然無法像祖先一樣大富大貴，但也大都能無辱家族傳統，兢兢業業為自己和下一代闖出一片天。

其中陳清秀夫人黃阿有，在夫婿過世時長子陳守誠才九歲，么子陳守源也只有兩歲，幸好陳清秀為她留下一些房產與現金，她在舊稱太平町的延平北路開設了一家清水百貨，專賣以日本貨為主的舶來品服飾及女用化妝品，多餘的房產則出租。她效法丈夫當年從事金融匯兌的生意，將多餘的現金拿去從事民間貸款。因為手段靈活、身段柔軟，有借貸欠利息的或有可能倒債的，均依靠她無比的「磨功」克服，很少有呆帳紀錄。在民國四〇、五〇年代迪化街地下金融盛行的年代，還小有名氣。

其實陳清秀不只會做生意，還修習漢學，精通詩、書、棋藝，頗有文采。曾加入迪化街的「天籟吟社」，後來又加入與中部的櫟社、南部的南社並稱臺灣日治時期三大詩社的「瀛社」。詩作曾多次在瀛社中成為掄元（第一名）作品，是一位能商能文的雅士。

黃阿有本身也飽讀詩書，她在公學校畢業後，就到陳廷植秀才父子所開設的「培德書房」修習漢學，和陳清秀時常相互吟詩唱和。她勤儉持家，注重子女教育。長子陳守誠臺北醫學院畢業後到日本順天堂醫學院取得小兒外科博士學位，學成後返臺回母校任教，於一九九〇年到一九九二年擔任臺北醫學院附屬醫院的院長，在他任內讓醫院首度轉虧為盈。么子陳守源在大學畢業後也前往美國伊利諾大學香檳校區取得建築碩士學位，返臺後開業擔任建築師。三女兒陳淑瑩則是著名的書法家。

在所有陳家清字輩的夫人中，人稱清水二嬸的黃阿有不但保住了夫家產業，並且以一介女流之力加以發揚光大，成為陳家清字輩中最富最盛的支脈之一。她活到高齡一百零六歲才仙逝，據說她在一百多歲時，頭腦還非常清楚，能夠背唱李白的〈將進酒〉及白居易的〈長恨歌〉，隻字不漏，真可謂一代女性傳奇人物。

一九三三年臺灣新民報社主辦的全臺象棋大會紀念照。前排左三是陳清秀，左四是林獻堂（陳淑瑩提供）。

黃阿有八十歲生日時和子孫合影。最後一排左三為陳守源，左四為陳守誠，第二排右三為陳淑瑩，後面為其夫婿洪文樑（陳淑瑩提供）。

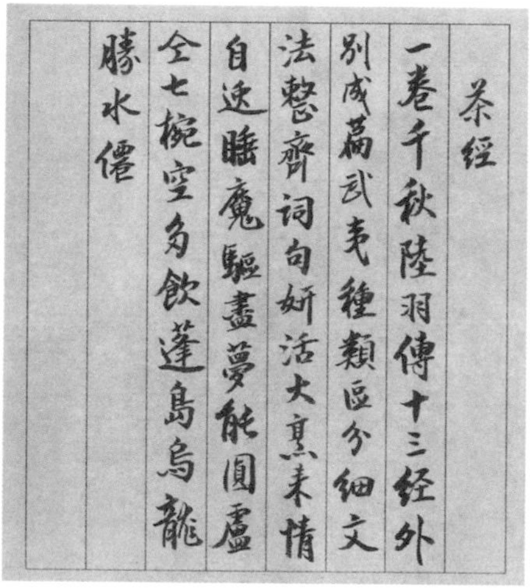
茶经
一卷千秋陸羽傳十三经外
別成葩武夷種類區分細文
法磬齊詞句妍活大烹未情
自述睡魔驅盡夢能圓盧
仝七椀空多飲蓬島烏龍
勝水僊

〈茶經〉一詩是一九四一年陳清秀在瀛社的掄元作品（陳淑瑩提供）。

一九三七年丁丑年，陳寶釵親手繡了這張照片上的鴛鴦刺繡畫送給陳清秀。陳清秀為此寫了一首詩，「十里香風碧接天，六郎顏色本來鮮，同心皆向西湖老，願做鴛鴦不羨仙」。在黃阿有百歲生日時，女兒陳淑瑩集結了父母的詩作題寫成書法出版作為紀念。這張照片的左上角是套印在照片上的陳淑瑩書法。元芝是陳清秀的字，陳清秀寫的詩作均以元芝二字發表（陳淑瑩提供）。

位於延平北路二段七十九號的清水百貨原址，為臺北市政府登錄的歷史建築，一樓目前出租作店面使用，二樓為陳守源及其家人自用。

清水百貨內地板的刻記。

第二十三章
英雄出少年

陳清汾的小女兒陳淑玲繼承母親王淑儀之氣質和容貌，姿儀出眾，憑藉優越英語能力在臺北美商工作，結婚後與夫婿張彥緒赴美國闖天下。

在一九八〇至一九九〇全球石化及塑膠產業鼎盛的年代，兩人白手起家，在美國主要和陶氏化學（Dow）、美孚（Mobil）等大型化工廠合作，銷售塑膠原料至香港、臺灣以及中國大陸。適逢中國大陸改革開放起飛的年代，成為世界最大的塑膠原料加工市場。張彥緒憑著卓越的銷售能力及敢於投資的勇氣，先後在東莞、杭州買地建廠，成為一家在中國大陸進口、銷售及塑料加工的大廠商。後來更與南非第一大石化廠商薩索爾公司（Sasol Chemical）合作，組成一家跨國企業商威信有限公司（Wesco China Ltd.,）使公司的成長倍增。在不到五十歲就家財萬貫，稱霸大中華區塑膠武林。

更厲害的是，在塑膠業最風光的時候，將事業以高價全部賣給南非夥伴薩索爾公司，並將所得鉅款投入香港房地產業，作為他們的第二次創業。二〇〇八年金融風暴後，美國和西方世界開始量化寬鬆政策，後來幾乎全世界都一樣保持極低利率以拯救世界經濟。張氏掌握先機，憑著他的財務實力及在銀行多年的信用實績，借得特別低率的貸款，在香港投資房地產，大做包租公。由於中國經濟起飛後，成功商人、企業等大都來香港設點或置產，房地產的租金報酬率特高，相對於當時的利息成本偏低，租金和利息的差距很大，同時房地產還一直在增值，這種繁榮的時期長達十餘年。在對的時機，做對的事業，張氏又一次實踐這理論，在香港房地產闖出了一片天。媒體報導他時，都以「臺灣張」來暱稱。

陳淑玲遺傳父親陳清汾酷愛藝術的家風，經常和夫婿張氏出入世界級拍賣會，成為佳士得藝術拍賣會的常客。她也和陳父一樣特別喜歡和演藝界的朋友交往，從前輩港星林翠、曾是同學的名導演兼演員張艾嘉，到亞洲知名歌星黃鶯鶯和蘇芮等，都是長年的好友。

陳家守字輩和淑字輩人才輩出，無法盡書，但都能尊重祖訓、勤儉持家、創業自立。

前為陳淑玲，後為周宗武唱歌，林翠伴奏。

左一為影星葉倩文，左二為陳淑玲，左四為張艾嘉，後方站立者為張彥緒。

二〇二〇年在北師美術館舉辦的「不朽的青春——臺灣美術再發現」特展，是介紹臺灣日治時期畫家的展覽，陳淑玲在其父親陳清汾畫作〈淡水河邊〉前留影。左三為陳淑玲，右二及右三為畫展主要贊助人張純明夫婦。

張彥緒和在佳士得國際藝術品拍賣所得之常玉巨幅畫作合影。

第二十四章
錦記陳家的庇蔭

錦記陳家的種種事蹟對陳家子孫在工作上經常帶來幫助，陳寶釵的么子周宗武對這種無形的庇蔭感受就很深刻。

周宗武曾服務於美商陶氏化學公司，在一九七九至一九八二年間被調派至亞洲太平洋區設於香港的總部服務，主管有機化學事業部十一個產品市場的行銷任務。陶氏化學把產品的市場行銷及產品銷售兩個業務分開，以亞洲區而言，每個地區的分公司負責產品銷售業務，而整體的市場推廣行銷任務則集中由亞洲太平洋區總部管理。

由於東南亞生意大部分掌握在華人手裡，陶氏化學各地的經銷商與業務員也以華人居多，所以對周宗武來說，溝通與管理都很順暢，不會有太多的挑戰。倒是那時正是日本經濟突飛猛進成為世界第二大經濟體的年

少年周宗武在周益記家內的中庭古井旁。

代，日本分公司的業務量遠高於其他亞洲國家，所以日本的業務同仁難免自以為高於其他亞洲人一等，認為公司亞洲總部的市場行銷主管應該由日本人擔任才對。對於來自臺灣的周宗武能當上主管，心裡並不太服氣，常常為反對而反對，不太願意接受一位臺灣人的管理。周宗武當時又年輕，才只有三十七歲，上任之後做得實在有點辛苦。

後來周宗武偶然之間從母親那邊得知表哥陳守實曾經是日本明仁天皇同學等故事，之後每次出差日本在飯後閒聊時，周宗武就刻意講述表哥陳守實是明仁天皇當太子時在學習院初等科的同班同學，也曾參加天皇和美智子的婚禮。又提到外公陳天來因為推廣臺灣茶葉外銷的貢獻，以及在一九二三年日本關東大地震時以自身捐款金額第一名帶動臺北茶商捐款，因而受封從六位勳等的事蹟。這些故事逐漸在日本同事之間傳開後，周宗武很快地被日本同事們看成自己人，並得到相當的敬重，後來在市場推廣的管理職務上就順利很多。

陶氏化學公司一九八〇年代重要幹部合影。前排中坐者為周宗武，後排為業務經理們，前排為會計、人事及秘書們。

陶氏化學總公司及太平洋區分公司董事來臺灣訪問，右二為周宗武，左四為林挺生。

周宗武在一九八〇年代擔任陶氏化學臺灣區總經理，也有一件受到外公陳天來積德庇蔭的事情。陶氏化學公司是全球排名前三名的化工原料大廠，臺塑集團是臺灣最大的化工大廠，陶氏化學當然要爭取臺塑集團的生意。王永慶董事長起初對剛滿四十歲的周宗武不太親切，曾經告訴臺塑集團的經理們，陶氏化學怎麼派一位「猴囝仔」（臺語的「小孩子」）當總經理，一副不信賴的樣子。

但是漸漸地，周宗武感覺到臺塑集團對陶氏化學越來越友善，訂貨量也持續增長。在最高峰的時候臺塑集團一年向陶氏化學就買了七千萬美金的原料，這在一九八〇年代是很大筆的生意，周宗武對於臺塑集團態度轉變的原因也很好奇。

有一段時間，因為李登輝前總統的戒急用忍政策，不准王永慶去福建海滄投資設廠，他因而負氣避居美國紐澤西。為了牢牢抓住臺塑這個重要客戶，在一九八六年時，周宗武夫妻專程從臺灣飛到美國去拜訪王永慶，並承蒙他盛情邀約在家中設晚宴款待。席間王永慶當著在旁坐陪的三夫人及幾個女兒面前，說起他父親王長庚早年是在新店文山一帶收購並供應粗茶給茶行精製成茶葉的中盤商，很多茶葉都是供應給錦記茶行。王長庚在現金周轉有困難時，只要向錦記茶行賒借款項，陳天來每次都爽快答應，幫助解決財務難關，王長庚對此感念在心。王永慶還特別提到他年輕時也曾經陪父親運送茶葉去錦記茶行，並見過陳天來本人。

這一段往事周宗武從來沒有聽親戚講過，若不是王永慶提起，周宗武還不知道外祖父陳天來和王家有這一段淵源。王永慶說他是在周宗武當上陶氏化學臺灣區總經理之後，找人去查周宗武的經歷背景時，才知道是陳天來的外孫，所以也就不再將周宗武當作「猴囝仔」看待。

周宗武擔任陶氏化學臺灣區總經理時負責與臺塑之間的生意非常順利，真的要再次感謝祖先積德的庇蔭。

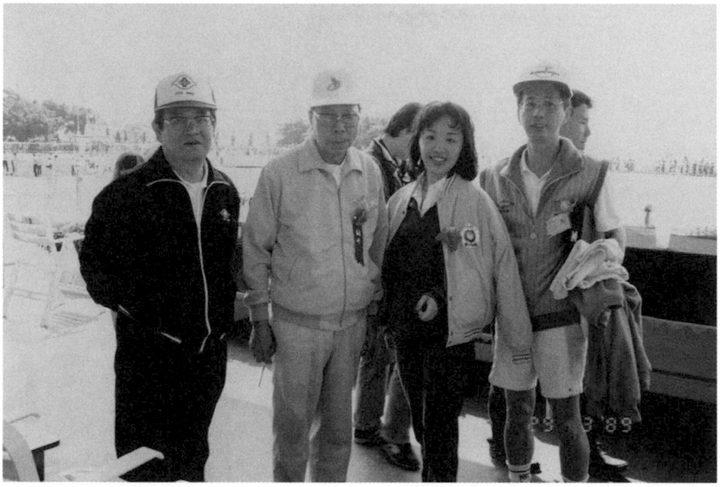

周宗武夫妻參加臺塑運動會留影。左一為李志村，左二為王永在。

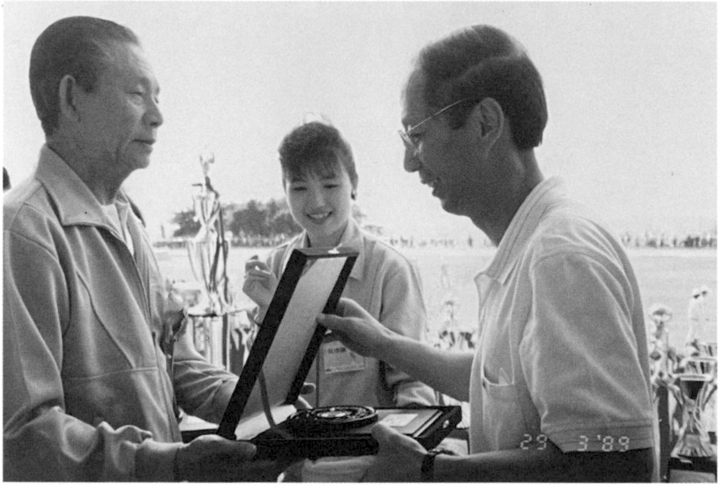

周宗武擔任陶氏化學臺灣區總經理，參加臺塑公司的運動會時接受王永慶頒獎。

一九八六年周宗武夫婦到王永慶紐澤西的家中拜訪。由左至右為王永慶、方玟宜、周宗武、李寶珠、哥倫比亞大學詹醫師。

第二十五章
從茶金到米金

臺灣位於亞熱帶，土壤肥沃、雨水充沛，適合種植水稻，中北部一年可種二期水稻，南部甚至有可以種到三期的地方。

在一九六〇年代之前，農作物是臺灣的經濟骨幹，其中又以稻米為重中之重。百年前臺灣有「田頭家、厝乞丐」的俗語，意思是說要富有就是要擁有大量水田而非房子，因為田地可以生產農作物創造財富，但是房子本身無法增加財富，必須靠出租或經商才能創造財富。一旦有戰亂及動盪，房子出租及經商都會變得很困難，只有田地還能夠繼續生產。所以當年人們只要有足夠的積蓄，大多會去買田地。

周益記的先祖變賣家產，從中國大陸移居新竹賣南北貨有成後，將大部分的資產投資於購置田產。由於經歷數代的人丁不旺，財產沒被分散，到了周敏益這一代已經成為擁有上百甲水稻田的富有人家。每當中國大陸鬧水、旱災或有戰亂時，臺灣大米就成為中國大陸米商賺錢的寶物，也是臺灣米商及擁有大量水田的地主發財的好時機。

日本因屬溫帶區，一年只能種一期水稻，又地狹人稠，一旦發生水、旱災就容易缺米糧。一八九五年清廷割臺灣給日本後，臺灣成了日本的米倉，到處設立農業改良場研究增產，培育新品種並給與重賞，使臺灣的水稻、甘蔗等農作物，都成為日本農需的大補丸。稻米方面，臺灣原有的在來米源自中國大陸名為秈稻的米種，與日本當地種植的粳米口感不同，不帶黏性，無法做壽司。日本積極派員來臺改良臺灣水稻品種，經過數十年的努力，研究員磯永吉最終將臺灣的秈稻和日本的粳米雜交並篩選後，成功地培育出適合在臺灣種植的改良品種，並命名為蓬萊米。磯永吉也被尊稱為臺灣蓬萊米之父。

陳寶釵的父親陳天來一生致力於茶葉及茶品貿易，她嫁到新竹的周益記卻是靠佃租生活的地主。陳寶釵從「茶金」之家嫁到「米金」之家，沒想到在太平時期茶金旺過米金，但在有天災及戰亂時，米金卻又旺過茶金。陳天來當年選擇將愛女遠嫁新竹周家時，或許也是有此「互補」的考量，應該可以說是很有遠見吧。

二戰後的臺灣，因為被國共內戰波及，大量稻米被搜括去支援中國大陸戰爭所需，再加上後來的三七五減租、耕者有其田等政策，水田擁有者其收入及資產增值就大不如在都市擁有房子的投資者了。「田頭家、厝乞丐」變成了「田乞丐、厝頭家」，真是風水輪流轉，十年河東、十年河西，各領風光一時。

臺灣一九六〇年代後，義務教育提高到九年，加工出口區設立，勞力密集工業興起，五大美國電視機製造商均來臺投資。日本家電商也來臺設廠，輕工業產品外銷逐漸取代農產品。一九七〇年代後的十大建設奠定了臺灣經濟資本密集及技術密集工業發展，石化工業及其中、下游崛起，後來的科學園區及各縣市的工業園區林立，促成了「臺灣錢淹腳目」的繁榮年代。一九八〇年代後的腦力密集工業在電腦及資訊工業的推展下，臺灣已是藏富於民，邁進開發中國家裡前半段班的地位。

在佃農家出身、學習農業經濟的李登輝前總統掌政後，適度的開放農田買賣及將農田開發成工業用地，農田買賣由每甲論價變成每坪論售，大大提高擁有農地人家的財富。讓不少農家成了「田僑仔」，終於再輪到「田乞丐也變成田頭家」的時代。不過那些早年在耕者有其田政策下被消失的臺灣「阿舍」（有田地之中、小地主），不知有多少能夠撐到現在來享受臺灣經濟繁榮的成果。他們一方面是當年土地改革被犧牲者，但也是促進早期經濟繁榮的貢獻者。

陳寶釵從「茶金」鼎盛之錦記，嫁到「米金」鼎盛之周益記，由於大環境變化所致，生活由早期的富貴逐漸變成小富，幸好兒女各自獨立，成家立業有成，當年土地改革後保留下來的田地也終於可以再對周家經濟有所貢獻。

陳寶釵在兒孫們為她過完九十歲大壽後，提出去日本看櫻花之心願，於是由三兒周宗正夫婦及四兒周宗武陪同重遊東京，並刻意重返當年和夫婿新婚時走過的景點及路徑。陳寶釵愉快地享受這次旅行，神情間透露著心願已了的滿足。從日本返回臺北後的兩星期就溘然離世，享壽九十。子孫們將她安葬在金寶山墓園，讓喜歡聽鄧麗君唱歌的她，天天有歌聲為伴。

陳寶釵六十歲生日合影。右四為陳寶釵，右五為陳清汾。

陳寶釵八十歲生日合影，兒孫全部到齊。

陳寶釵八十歲生日時陳清汾和王淑儀夫婦分坐兩旁。

陳寶釵九十大壽，前排左為黃阿有，右為王淑儀。陳寶釵七位子女全部到齊。

陳寶釵過完九十歲生日後由三兒子夫婦及四兒子陪同前往日本旅遊，在上野公園賞櫻，完成心願（周宗正提供）。

陳寶釵在日旅遊時還很健康、行動自如，賞櫻、吃美食、逛街，回來後兩個星期就安詳辭世。

後記

乘著歌聲翅膀而上的人生

周宗武

我的母親陳寶釵閒暇時會彈風琴教孩子們唱歌，但自從我父親得到鼻咽癌英年早逝之後，母親就不再碰風琴。幸而我大姊婉卿喜歡音樂，也學會彈風琴，常常教弟妹們唱歌，但其中真正對音樂有興趣的只有我這個最小的男生。我不只喜歡和大姊一起唱歌，還沒上幼稚園就自己創作了一首兒歌〈青草湖〉，旋律簡單、歌詞無厘頭，常弄得哥哥、姊姊們大笑有趣。

一九五〇年我就讀的竹師附小來了一位留美歸國的教育家高梓校長，她丈夫是中華民國奧林匹克委員郝更生。高校長提倡衛生教育，特別編了一首〈衛生之歌〉給學生唱，歌詞內容就是衛生生活守則，總共十條，當時還推廣到全省各個學校。高校長得知我有好歌聲，特別指定音樂老師楊兆禎教導我唱歌及推展〈衛生之歌〉。每當有其他學校的校長或主任等貴賓來訪，我就會出場獨唱〈衛生之歌〉。

由於喜歡唱歌及看電影，青少年時期的我幾乎有名的好萊塢電影主題曲都會唱，為了聽懂英文歌詞還要勤查英文字典，瞭解歌詞的意思。我經常找機會獻唱，覺得自己比唱國臺語流行歌曲的同學高一等。

由於外公陳天來在臺北開設有永樂座及第一劇場兩間電影院，父親周敏益也是股東，所以寒暑假上臺北住四舅陳清汾家時，我常常去看西洋電影。因為電影院是自家開的不用花錢，喜歡的洋片可以看好幾次。第一次為了學主題曲，會看中文字幕來看懂內容，第二次就不看字幕，看男女主角表情學習英文聽力，有時甚至看第三次來學習優美的語句。印象中五、六〇年代的主題曲歌詞都像一首完美詩句，不但文法完整，還帶押韻。

在考大學聯考時，母親陳寶釵說可惜沒有考西洋流行歌曲的英文，不然我一定會是英文狀元。我帶著滿肚子西洋電影英文上大學，甚得英文老師的喜愛。

四年的大學沒有讀什麼書，大部分的時間都花在學校合唱團活動上。由於中學時期學過幾年的小提琴，在大學時找會彈鋼琴的女同學，以伴奏為由藉機認識交友，還因此寫了一首名為〈尋愛〉的歌曲。

合唱團在每年畢業生要畢業時，在校生就會為要畢業的同學舉辦畢業音樂會。到我要畢業的那一年，我覺得與其坐在臺下聽在校生表演，不如應屆畢業生自己也上臺表演以表答謝。

一九六四年有五位合唱團團員畢業（鄭元祥、陳名中、林斌榮、曾龍雄、周宗武），我自編自導自演了一齣清歌劇《快樂學士》（Merry Bachelor）。「Bachelor」一語雙關，是學士、學位之稱，也是單身漢的意思。劇本要展現的內容是，大學畢業生除課業以外，還要有四樣經驗才算完成大學學業：一，當過家教；二，通過成功嶺軍事訓練；三，參加過學生舞會；四，要交過女朋友。

清歌劇的故事主軸很簡單，就是在學校附近有一位李老頭剛好有四位可愛的女兒，有四位沒有交往經驗的畢業生去追求這四位女孩子的故事。我在合唱團挑了四位長得可愛又會唱歌的一年級新生當女主角（黃文玉、劉成妙、羅悅美、郭志津），全劇就是四對男女生的獨唱及混聲合唱，加上飾演父親的李老頭（曾龍雄）及作和事老的張老頭（林政治）的男生二重唱，鋼琴伴奏則由在校生（蔡定邦）擔綱。演出後掌聲不斷，就連臺中中聲廣播電臺也讚譽連連。八年後，我事業有成準備結婚時，也是回去母校合唱團找到了終身伴侶方玟宜。

大學畢業當完一年預備軍官後，愛唱歌的我北上考進中國廣播公司的合唱團，以及一家流行唱片公司幸福合唱團（由著名作曲家林福裕主持）。幸福合唱團是準備商業演出的合唱團，在數百位競爭者中只錄取了六位，除了我之外，還包括後來成名的青山及閻荷婷。

由於母親和大哥的強烈反對，我沒有往歌唱界發展，一年後很幸運地進入剛剛來臺灣設立分公司的美國世界級大廠陶氏化學公司。說得一口電影英文，唱得一口好萊塢電影流行歌曲，在開放、熱情、注重社交溝通的美國公司文化下，我感覺如魚得水，很快就獲得了美國人的喜愛及信任。

一九八〇年化學工業全球性的生意低迷時代，我替陶氏化學亞洲太平洋地區創作了一首鼓舞士氣的〈目標之歌〉。此歌曾在美國總公司董事會時播出，當時的董事長還將此歌的銅刻板掛在董事長房間的牆壁上。每當年終晚會及和重要客戶、代銷商開會時，常常會唱我所寫的公司目標之歌，以期和客戶、代銷商及同仁有一致的目標往前進。

一九九四年我從陶氏化學退休，在退休晚會上，我唱了李白的〈將進酒〉，說出了退休後的生活核心：一，TO BE，天生我才必有用，要做我自己，去完成一生中最想完成的事；二，TO GIVE，千金散盡還復來，回饋社會，做經驗與資源的傳承；三，TO ENJOY，人生得意須盡歡，享受自己這輩子奮鬥的成果，快樂地活在當下。

我還為自己設下了幾個計畫：一，和好友們組一個共同經營人生後半段的聯誼社團；二，把自己這一生所寫的歌詞以及歌曲，灌唱一張專輯上市銷售；三，出一本有關家族故事的書。

一九九六年，我舉家移居加拿大溫哥華之前，帶著妻小全家去向母親陳寶釵告別時，她對我說：「我娘家先祖來臺是因為太平天國之亂，祖先來臺發展的結果是成功幸福的。你們現在要移民加拿大，我不反對，周家有一房住在相對平安穩定的加拿大，我很放心。」

我就帶著母親的祝福，全家移居溫哥華。在溫哥華的十八年間，我從事作詞作曲，參加白鷺鷥、水牛合唱團及每年一度的臺加文化節活動，也經常粉墨登場上臺表演歌唱。也在這段期間，我創立了325聯誼會（325 plus senior executive club）。

在七十五歲時，我將一生所做的歌曲、歌詞及翻譯的西洋歌曲由自己主唱，灌製了一張專輯，名為《人生旅途》。看到專輯擺在臺北誠品書店暢銷排行榜的架上時，我心中感觸很多，覺得年輕時想當歌星出唱片的夢想已經轉換成另一種方式，並終於完成了。

很高興在325聯誼會認識對於臺灣民俗及歷史有深度興趣的王惠光律師。他年少時也曾住過大稻埕靠近大橋頭附近，對錦記茶行的附近環境甚為熟悉，得知我有意寫家族中所發生的故事時，很積極樂意地貢獻所知，和我一起寫下這本書。

從小，我就從母親、四舅、哥哥姊姊們那邊聽到很多發生在大稻埕錦記陳家，以及新竹北門街周家的故事。今天我把這些故事寫了下來，也算是圓了另一個夢。

周宗武（左一）大學畢業時編製及演出的清唱劇《快樂學士》。

周宗武和黃文玉對唱。黃文玉得到康乃爾大學博士後旅居巴西教學，現已退休，仍居住在巴西。

前排右起劉成妙、羅悅美、曾龍雄、林政治、郭志津、黃文玉。後排右起陳名中、林斌榮、鄭元祥、周宗武。

周宗武太太方玟宜的大學畢業照。

周宗武與太太方玟宜在加拿大溫哥華史丹利公園合影。

新竹市政府請畫家蔡國川繪製周益記洋樓擺置在市府，周宗武請蔡國川重畫一幅，由周宗武收藏。

周宗武出版的人生旅途專輯，封面由太太方玟宜繪製，一圓年輕時未了的歌星夢。

周宗武八十歲生日時，325資深經理人聯誼會的好友為他在北投文物館舉辦壽宴。周宗武有感而發，覺得如果不把自己親耳聽聞的大稻埕錦記茶行及新竹周益記兩個家族的一些故事寫下來，以後就會失傳，便決定出版這本書（李凱萍提供）。

八十歲的陳寶釵和周宗武全家合照。

國家圖書館出版品預行編目資料

雙廈記：錦記茶行與周益記古宅的那些年、那些人、那些事 / 周宗武、王惠光 著.
-- 初版. -- 臺北市：平安文化, 2023.02
244面；21.5×16.5公分. --（平安叢書；第754種）
（知史；23）

ISBN 978-626-7181-53-9（平裝）

1.CST: 陳氏 2.CST: 周氏 3.CST: 臺灣傳記 4.CST: 家族史

783.37 112000753

平安叢書第754種

知史 23

雙廈記

錦記茶行與周益記古宅的那些年、那些人、那些事

作　者—周宗武、王惠光
發 行 人—平　雲
出版發行—平安文化有限公司
臺北市敦化北路120巷50號
電話◎02-27168888
郵撥帳號◎18420815號
皇冠出版社(香港)有限公司
香港銅鑼灣道180號百樂商業中心
19字樓1903室
電話◎2529-1778　傳真◎2527-0904
總 編 輯—許婷婷
責任主編—蔡承歡
美術設計—嚴昱琳
著作完成日期—2023年1月
初版一刷日期—2023年2月
初版二刷日期—2023年4月
法律顧問—王惠光律師

讀者服務傳真專線◎02-27150507
電腦編號◎551023
ISBN◎978-626-7181-53-9
Printed in Taiwan
本書定價◎新臺幣450元/港幣150元